AF631666

EL LIENZO DE OTLA
MEMORIA DE UN PAISAJE SAGRADO

Edición e interpretación del manuscrito recién descubierto, acompañado por los cortometrajes
"La Epopeya de la Princesa 6 Mono y del Gran Guerrero 8 Venado"
y "Cantero"

Víctor Hugo Ruiz Ortíz

Arquitecto de profesión (licenciatura y maestría), restaurador y candidato al grado de doctor en Arqueología por la Universidad de Leiden Holanda, inicio desde hace más de veinte años un largo viaje que lo llevo a escuchar en boca de Eupalinos las "palabras geométricas" que dieron sentido a las voces que formaron su infancia; el murmullo del viento y el mar, con la dulzura de la lengua zapoteca de Juchitán se grabaron en su piel, de la misma manera que en su corazón la profundidad de las montañas y las imágenes de su abuelo, narradas por gente de la comunidad de Chalcatongo lo hicieron reconocerse como parte de los Ñuu Dzaui, grandioso pueblo de la lluvia. La lectura del paisaje sagrado le inspira a hacer composiciones arquitectónicas tanto en el ámbito público y privado en las que se visualiza, un claro estilo, en el que destaca el misticismo circular y la figura del Ollin, representando siempre el movimiento del tiempo, dimensión en la cual los hombres y los pueblos se encuentran y desencuentran.

En el ámbito de los museos y la restauración ha desarrollado y ejecutado diferentes proyectos, entre los que destacan: El Templo del s.XVI de San Mateo Macuilxochitl, restaurado y adecuado a lo que hoy es un verdadero Museo Comunitario, el antiguo Palacio de Gobierno de la ciudad de Oaxaca restaurado y adecuado a museo, hoy alberga al Museo del Palacio: Espacio de la Diversidad, el cual surge del deseo de comunicar a la niñez y a la juventud lo grandioso de nuestra cultura insertándolos de manera interactiva en el sentido lúdico de los paralelismos; de esta manera diseña el concepto y contenido del Museo, único en su género, proyecto que fue presentado en El Segundo Congreso Internacional de Museos "Los museos, enlace entre culturas" en la ciudad de Monterrey, Nuevo León, México.

Así mismo, siguiendo el sentido de todo su trabajo, en el que el valor humano se redimensiona y abriendo paso a su vocación creativa, basándose en la evidencia arqueológica y el análisis de los códices, desarrolla una idea original en la Exposición "Las Historias Inconclusas Narradas en los Códices Merecen una Continuación Viva" donde además escribe y dirige dos cortometrajes por medio de la animación en 2 y 3D, donde nos muestra el daño psicológico de la invasión española, del cual todavía seguimos viendo secuelas.

Ha publicado diversos artículos, participado y organizado encuentros nacionales e internacionales, como el Primer Encuentro Interdisciplinario para la Conservación y Restauración del Patrimonio, su Trascendencia Histórica, Cultural y Espiritual en San Juan Bautista Coixtlahuaca, Oaxaca, México, en el que planteo la importancia y necesidad del sentido humanista de la restauración, en El Séptimo Encuentro de Urbanismo Mesoamericano (Mesoamerican Urbanism Conference 7th meeting), Universidad de Leiden, Holanda, El II Simposio Europeo sobre Códices del Centro de México, en la Universidad Complutense de Madrid, España, El XV Congreso Internacional de la Asociación de Historiadores Latinoamericanistas Europeos (AHILA), en Leiden, países bajos, siendo siempre voz de la memoria y cuestionando el sentido del conocimiento y la investigación cuando no se resignifica en la práctica en los pueblos de origen. Actualmente es investigador y profesor invitado de la Universidad de Leiden, en Holanda.

www.victorhugo.com.mx

Maarten E.R.G.N. Jansen

El doctor Jansen es catedrático de Arqueología e Historia de Mesoamérica en el programa internacional de la Facultad de Arqueología de la Universidad de Leiden, Países Bajos. Durante su larga trayectoria académica ha escrito muchas publicaciones, en particular sobre los manuscritos pictóricos religiosos e históricos del México antiguo y sobre la literatura y filología de la lengua Mixteca como: "El códice Vindobonensis Mexicanus I", "El códice Zouche Nutall", "Códice Fejervary Mayer", "Native Culture and Colonial Structure", "Encounter with the Plumed Serpent. Drama and Power in the Heart of Mesoamerica", "Mixtec Writing and Society. Escritura de Ñuu Dzau", "Social and Religious Concepts in Nuu Dzaui Visual Art", últimamente de la serie Ngigua Ñuu-Dzaui "Voces del Dzaha Dzavui, Mixteco Clásico, análisis del vocabulario de fray Francisco de Alvarado", "La Lengua Señorial de Ñuu Dzaui, Cultura literaria de los antiguos reinos y transformación colonial", "Historia, literatura e ideología de Ñuu Dzaui, el códice Añute y su contexto históico-cultural (este antiguo manuscrito pictórico mexicano que ahora se le conoce como Códice Selden 31-35 (A.2), ahora se sabe que el documento proviene del antiguo Señorio de Añute, hoy Magdalena Jaltepec, en al Mixteca Alta. De ahí su nombre, porque creemos que es preferible usar -hasta donde sea posible- nombres que tengan sentido para la cultura original), entre muchas obras más, casi siempre en colaboración con la investigadora mixteca Gabina Aurora Pérez Jiménez.

A la vez ha sido director de la Facultad de Arqueología de la Universidad de Leiden y ha participado en distintos encuentros internacionales y ha supervisado numerosas tesinas de maestría y disertaciones doctorales. Ha sido distinguido con la orden del Águila Azteca por el Gobierno Mexicano por sus trabajos científicos. El Gobierno del Estado de Oaxaca, el H. Congreso del Estado de Oaxaca y el Comité Cultural Andrés Henestrosa le otorgaron la Medalla Andrés Henestrosa 2009, como reconocimiento al mérito por fomentar y difundir las culturas originarias de Oaxaca.

www. archaeology.leiden.edu/organisation/staff/jansen.html

EL LIENZO DE OTLA

MEMORIA DE UN PAISAJE SAGRADO

Edición e interpretación del manuscrito recién descubierto, acompañado por los cortometrajes
"La Epopeya de la Princesa 6 Mono y del Gran Guerrero 8 Venado"
y *"Cantero"*

Víctor Hugo Ruíz Ortíz
Maarten E.R.G.N. Jansen

DIRECTORIO

Gobierno del Estado de Oaxaca
Ulises Ruíz Ortíz
Gobernador

Secretaría de Cultura del Gobierno del Estado de Oaxaca
Andrés Webster Henestrosa
Secretario

Yuu Nuu, A.C.
Silvia Ma. Cornelio Mier y Concha
Presidenta del Consejo Directivo

Universidad de Leiden, Facultad de Arqueología, Sección América

Diseño, formación y fotografía:
Víctor Hugo Ruíz Ortíz
Arturo Chávez Gutiérrez
Miguel Ángel Buchan Ayala

D.R. © 2009 Víctor Hugo Ruíz Ortíz/Maarten E.R.G.N. Jansen.
Prohibida la reproducción parcial o total por cualquier medio sin la autorización escrita del titular de los derechos de autor.

D.R. C. Secretaría de Cultura del Gobierno del Estado de Oaxaca.
Calzada Madero No. 1336, Esq. Av. Tecnológico. Col. Lindavista
C.P. 68030, Oaxaca, Oaxaca.

ISBN:

Impreso y hecho en México
Printed and made in Mexico
Primera edición de 1000 ejemplares

El proyecto ***"Cultura Mixteca ruta que siguieron los dominicos"*** tiene como objetivo principal reforzar el desarrollo económico de la región mixteca, así como rescatar, difundir y promover el patrimonio cultural de esta gran civilización.

En este marco dentro de la Serie Ngigua-Ñuu Dzaui se han publicado los siguientes estudios históricos y linguísticos:

Historia, literatura e ideología de Ñuu Dzaui. El Códice Añute y su contexto histórico-cultural.
Maarten Jansen y Gabina Aurora Pérez Jiménez (2007)

Sahin Sau. Curso de lengua mixteca (variante de Ñuu Ndeya)
Gabina Aurora Pérez Jiménez (2008)

El Lienzo de Otla. Memoria de un paisaje sagrado
Víctor Hugo Ruíz Ortíz y Maarten Jansen (2009)

Voces del Dzaha Dzavui (mixteco clásico). Análisis y conversión del vocabulario de fray Francisco de Alvarado (1593)
Maarten Jansen y Gabina Aurora Pérez Jiménez (2009)

La Lengua Señorial de Ñuu Dzaui. Cultura literaria de los antiguos reinos y transformación cultural.
Maarten Jansen y Gabina Aurora Pérez Jiménez (2009)

PRÓLOGO

La memoria puede ser un aspecto importante, hasta crucial, y un elemento constitutivo de la herencia cultural. A menudo los restos materiales del pasado (la arqueología) y los demás recursos culturales que constituyen el patrimonio mundial, se definen en términos esencialmente tangibles y físicos. Reconocemos que este patrimonio puede tener aspectos intangibles, pero el concepto "patrimonio intangible" como tal lo usamos generalmente para referirnos a algo muy distinto.

Rara vez la memoria misma juegue un papel central en el análisis o en la discusión de esta materia - ocurre principalmente cuando se trata de un patrimonio reciente, por ejemplo de campos de batalla o de sitios de eventos religiosos impactantes. Los aspectos intangibles del patrimonio suelen perderse por la erosión del tiempo. Ya no conocemos el significado ni la importancia que los monumentos levantados en tiempos remotos o los componentes del paisaje natural tuvieron para la gente de aquel entonces. Una investigación pormenorizada puede dar algunas indicaciones acerca de aquellos significados perdidos, pero generalmente estas sólo producen una pálida e hipotética reconstrucción, que carece de detalle y de color. A no ser que los significados del pasado hayan llegado a nosotros por haber sido transmitidos en forma oral a través de las generaciones o por haber sido codificados en símbolos permanentes de modo que la memoria se fijó en algún soporte físico u otra forma tangible.

El presente libro trata de un ejemplo fascinante de una memoria y una visión del paisaje que se ha conservado en forma tanto oral como material, y a la vez nos relata la historia de su recuperación e interpretación. El Lienzo de San Jerónimo Otla (Estado de Oaxaca, México) es un manuscrito pictórico sobre tela, pintado en la tradición pictográfica de Mesoamérica durante la época colonial temprana (mediados del siglo 16 d.C.). Esta hermosa y bien conservada pintura pertenece al corpus de los lienzos del Valle de Coixtlahuaca (en el Noroeste del Estado de Oaxaca), que constituyen un capítulo muy rico de la antigua literatura indígena de México. Durante muchas generaciones sucesivas, los habitantes de Otla lo han protegido con sumo cuidado, cariño y responsabilidad, como un extraordinario patrimonio cultural, un importante respaldo de su identidad.

En enero de 2006 las autoridades de la agencia de San Jerónimo Otla mostraron su Lienzo al maestro en arquitectura Víctor Hugo Ruíz Ortíz y al arqueólogo-historiador Maarten Jansen, investigadores de mucha experiencia, quienes luego iniciaron un proyecto para descifrar las dimensiones históricas, geográficas y simbólicas de este documento. Trabajando en forma conjunta con los integrantes de la comunidad, lograron relacionar este objeto del patrimonio tangible con el patrimonio intangible, es decir con la tradición oral y los conocimientos propios del pueblo originario.

Este libro es un primer informe de este esfuerzo colectivo: contiene un detallado registro fotográfico del manuscrito original con un breve comentario, que explica su composición y lectura, sus conexiones con los demás lienzos del "Grupo de Coixtlahuaca", así como su contenido histórico y cartográfico (la fundación de las casas nobles precoloniales y la delimitación del territorio ancestral).

El Lienzo presenta una imagen interesante de San Jerónimo Otla y sus alrededores, en particular de la cadena montañosa conocida como el "Nudo Mixteco", un impresionante punto de orientación que da un carácter sagrado y ritual a todo el paisaje. Los datos geográficos e históricos (la memoria) vienen asociados con una estructura simbólica subyacente: la cosmovisión filosófica de la civilización mesoamericana.

Esta publicación no solamente se nutre de una ámplia experiencia y admirable labor científica en el campo de la interpretación del arte visual, que combina estudios antropológicos, lingüísticos e históricos, sino también sigue de manera ejemplar los principios modernos de la arqueología de paisaje, que debe tomar muy en serio el conocimiento de los habitantes del lugar. El resultado es un texto valioso y espectacular, de lectura fascinante, tanto para los expertos en la materia como para el público interesado en general.

Leiden, 21 de junio de 2009

Prof. Dr. Willem J.H. Willems
Catedrático de "International Archaeological Resource Management", y Director de la Facultad de Arqueología, Universidad de Leiden, Países Bajos,
Presidente del "International Comittee for Archaeological Heritage Management" (ICAHM), del "International Council for Monuments and Sites" (ICOMOS).

ÍNDICE

INTRODUCCIÓN

Oaxaca es tierra de pintores y escritores. Desde épocas muy tempranas los habitantes de esta región en el Sur de México y en el corazón de Mesoamérica han producido palpables muestras de su genio creativo.

Entre los ejemplos más ilustrativos del arte mesoamericano encontramos las piedras grabadas, las pinturas murales, cerámicas decoradas y tantas otras obras de arte creadas por los antiguos para registrar sus pensamientos y su historia.[1] En este proceso participaron todos los pueblos originarios de esta gran región cultural en el centro de Mesoamérica. Tanto los relieves e inscripciones de la época clásica (Monte Albán) como los famosos "códices" (libros pictóricos) del postclásico son testimonios de ello, y han dado fama a Oaxaca en el mundo como una de las cunas de la gran arquitectura, escritura y de civilización. Este arte se caracteriza por la unidad de lo

Estela 26 de Yaxchilán, Chiapas México

arquitectónico, gráfico y lo pictórico, algo que en nuestra época que es muy visual podemos apreciar mejor.

Códice Nutall

Pinturas rupestres Tonalá, Oaxaca, Méx.

1. Véanse por ejemplo las publicaciones de Caso 1969, Dalton Palomo & Loera y Chávez 1997, de la Fuente & Fahmel Beyer 2005.

ESCRITURA PICTÓRICA

En Mesoamérica se desarrollaron varios sistemas de escritura, es decir de registros gráficos que eran independientes de la memoria y de la transmisión oral. Las raíces de estos sistemas remontan hasta la época olmeca (alrededor de 1000 años antes de Cristo), pero su florecimiento se produjo en la llamada "época clásica" (250-900 después de Cristo).

Los mayas crearon una *escritura jeroglífica,* que registraba el habla mediante signos que representaban palabras o sílabas. Se han conservado muchas inscripciones en piedra, que en gran parte fueron descifradas en las últimas décadas. Ahora sabemos que tratan principalmente de las hazañas de los gobernantes de los reinos que conformaban el mapa político: sus linajes, ritos y conquistas. La escritura jeroglífica que aparece en las estelas clásicas de Monte Albán parece haber sido inspirada por el sistema maya.

Estela Maya Yaxchilán

Códice Maya

2. La interpretación de manuscritos pictográficos del México antiguo es tema importante de investigación del programa internacional de estudios de maestría y doctorado en estudios mesoamericanos bajo la dirección de Maarten Jansen en la Facultad de Arqueología de la Universidad de Leiden, con el apoyo de la Fundación Neerlandesa para el Fomento de las Investigaciones Científicas (NWO). Para el presente trabajo agradecemos la ayuda de las autoridades y habitantes de San Jerónimo Otla, particularmente al licenciado Torres y al señor Fernando Juárez, presidente municipal de Coixtlahuaca, así como a las investigadoras Carmen Cordero Avendaño de Durand y Gabina Aurora Pérez Jiménez.

En el Centro de México los frescos de la metrópoli de Teotihuacan demuestran el desarrollo de una escritura a través de imágenes pintadas en los muros, un *sistema pictográfico,* independiente del habla. Esta tradición fue continuada por los toltecas de Tula y Cholula y estaba en vigor entre los Mexica (aztecas), los Ñuu Dzaui (mixtecos) y otros pueblos hasta la invasión española (1521). [2] Se trata de un sistema muy sofisticado de representaciones estilizadas de personas y objetos, en combinación con ideogramas especiales, que en forma de escenas presentan una narración de eventos, una pintura de paisaje o mapa, genealogías, arquitectura, datos económicos etc.

La clave para entender esta pictografía se encuentra en los manuscritos pictóricos de la época colonial temprana que contienen aclaraciones (glosas y comentarios) en castellano y/o en lenguas mesoamericanas escritas con el alfabeto

Mural de Tepantitla, Teotihuacán, Méx.

introducido por los europeos. Un ejemplo magnífico y muy ilustrativo es el Códice Mendoza, que en su parte pictórica ilustra (1) las conquistas de los sucesivos gobernantes mexicas, (2) los diferentes reinos que, a consecuencia de aquella expansión, integraron su imperio y de las contribuciones que tributaban a la capital, así como (3) escenas de la vida diaria de diferentes segmentos de la sociedad mexica, todo explicado en español. La larga lista de topónimos, acompañados por su trascripción en náhuatl, nos proporciona un verdadero "diccionario pictográfico", fundamental para interpretar la pictografía mexicana.[3]

En las dos antiguas formas mesoamericanas de escritura la jeroglífica y la pictográfica se producían verdaderos libros (*códices*): largas tiras, hechas de papel (*"amate"*) o de piel de venado, dobladas en forma de biombo, blanqueadas con cal y pintadas. También se pintaban mapas e historias en largas telas de algodón: los *lienzos*. Aunque esta forma de escribir remonta, sin duda, a la época clásica los ejemplares ahora conocidos pertenecen al Postclásico, de hecho a las últimas décadas antes de la invasión española (1518/21) y a las primeras décadas de la época colonial, cuando la misma tradición escrita aún continuaba, generalmente incorporando ciertos elementos españoles (con su influencia árabe).

No sabemos cuántos documentos de este tipo hubo en Mesoamérica en las vísperas de la invasión española, pero se puede calcular que eran por lo menos varios miles. De éstos solamente una fracción ha llegado a nuestras manos, los pocos ejemplares que sobrevivieron a la destrucción colonial y el despojo contemporáneo ahora se conservan como tesoros de importancia extraordinaria en bibliotecas, museos y colecciones particulares.

3. Véase la clásica edición de Clark 1938 y el análisis de Nowotny 1959.

Códice Añute

Códice Mendoza

dispersos por el mundo. Estos códices y lienzos antiguos constituyen lo que ahora llamamos una historiografía y a la vez una literatura. Es de suponerse que fueron leídos declamados ante un público, por ejemplo en las grandes plazas frente a los edificios y templos (estructuras arquitectónicas de forma piramidal), durante rituales y en ocasiones solemnes. La lectura de tales textos escritos exigió de parte del declamador una habilidad especial, una familiarización con técnicas de literatura oral, que le permitía embellecer el relato y convertir los datos rudimentarios del registro en una presentación que podía impactar en la audiencia.

Originalmente todos estos libros eran obras de sabiduría y memorias del pasado. Por su composición física fueron designados como "la pintura roja, la pintura negra", y por su valor moral como un "espejo luminoso", un "espejo amplio, de ambos lados trabajado, que ilumina el inframundo, ilumina el cielo".

En una "Enseñanza de los Ancianos" *(huehue tlatolli)* en náhuatl, registrada por fray Juan Bautista en el siglo XVI, se dice explícitamente sobre los libros y la escritura:

Códice Nutall

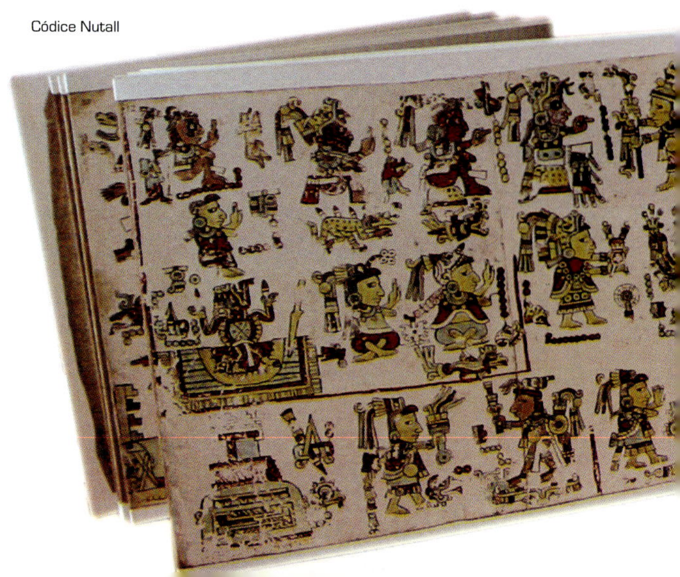

4. Citado por el finado maestro Luis Reyes García en el prefacio general a la serie 'Códices Mexicanos' del Fondo de Cultura Económica (Anders & Jansen & Pérez Jiménez 1992a: 9-10).

"En él (este espejo) se miran todas las partes del mundo,
y en él está en pie el grueso hachón,
que no produce humo, que no tiene niebla.
Con él están iluminadas todas las partes del mundo.
En él es visto el amanecer, el resplandor de tu pueblo." [4]

Muchos escritos y relatos mesoamericanos fueron destruidos y se perdieron en el proceso colonial, pero sobrevive un conjunto de códices e inscripciones, que demuestran la filosofía, la arquitectura, el arte y el desarrollo social de las civilizaciones del México antiguo. Hoy día este mosáico multicolor es un tesoro de mensajes profundos para los descendientes y herederos, e impresiona a los estudiosos de todo el mundo.

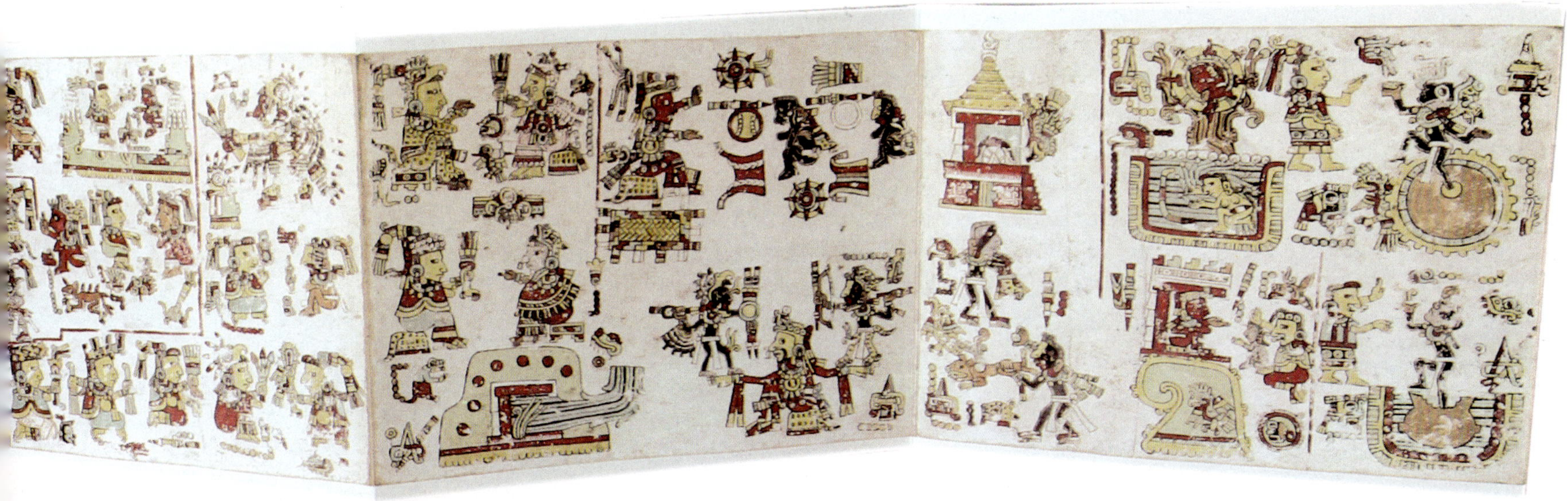

En cuanto a la interpretación de estos fascinantes manuscritos pictóricos, nos basamos en la labor iniciada por Manuel Martínez Gracida, Wigberto Jiménez Moreno, Alfonso Caso y muchos otros especialistas mexicanos y extranjeros. [5]

Es importante recalcar que no sólo estamos viendo interesantes documentos históricos e impactante arquitectura que hoy conocemos como monumentos arqueológicos, sino que sigue existiendo una literatura oral viva, que continúa hasta hoy día en el corazón de la Mixteca. Donde podemos avanzar más en la lectura de aquellas hermosas imágenes es precisamente gracias a los hablantes y al estudio de las lenguas originarias, la arquitectura y el paisaje. Es por las lenguas vivas que, ahora podemos identificar los principales lugares históricos, la arquitectura y símbolos religiosos, podemos entender estos documentos pictográficos como narrativas sagradas sobre el origen del mundo y como epopeyas dramáticas.

Un ejempo emocionante de esta literatura es la vida de *Iya Nacuaa "Teyusi Ñaña"* (Señor 8 Venado "Garra de Jaguar") de Tilantongo y de *Iyadzehe Ñuñuu "Dzico Coo Ndodzo"* (Señora 6 Mono "Poder de la Serpiente Emplumada") de Jaltepec, grandes protagonistas de la historia y literatura antigua del Estado, que vivieron hace unos novecientos años y que ahora son famosos en todo el mundo.

5. La gran obra de Manuel Martínez Gracida y su equipo de colaboradores ha quedado en su mayor parte inédita. Un paso crucial en el desciframiento de los códices mixtecos fueron la obra pionera de Jiménez Moreno & Mateos Higuera (1940) y la síntesis logrado por Alfonso Caso (1977/79). Smith (1973) ha arrojado luces sobre los jeroglíficos toponímicos, mientras que Troike (1982) ha analizado la representación de diferentes actos mientras que el soporte material de los códices fue analizado por Maldonado Alvarado & Maldonado Alvarado (2004). Para ejemplos de la lectura de los códices mixtecos véanse Anders & Jansen & Pérez Jiménez (1992ab), Jansen & Pérez Jiménez (2007), Hermann Lejarazu (2006, 2008), mientras que Van Doesburg (2001a)

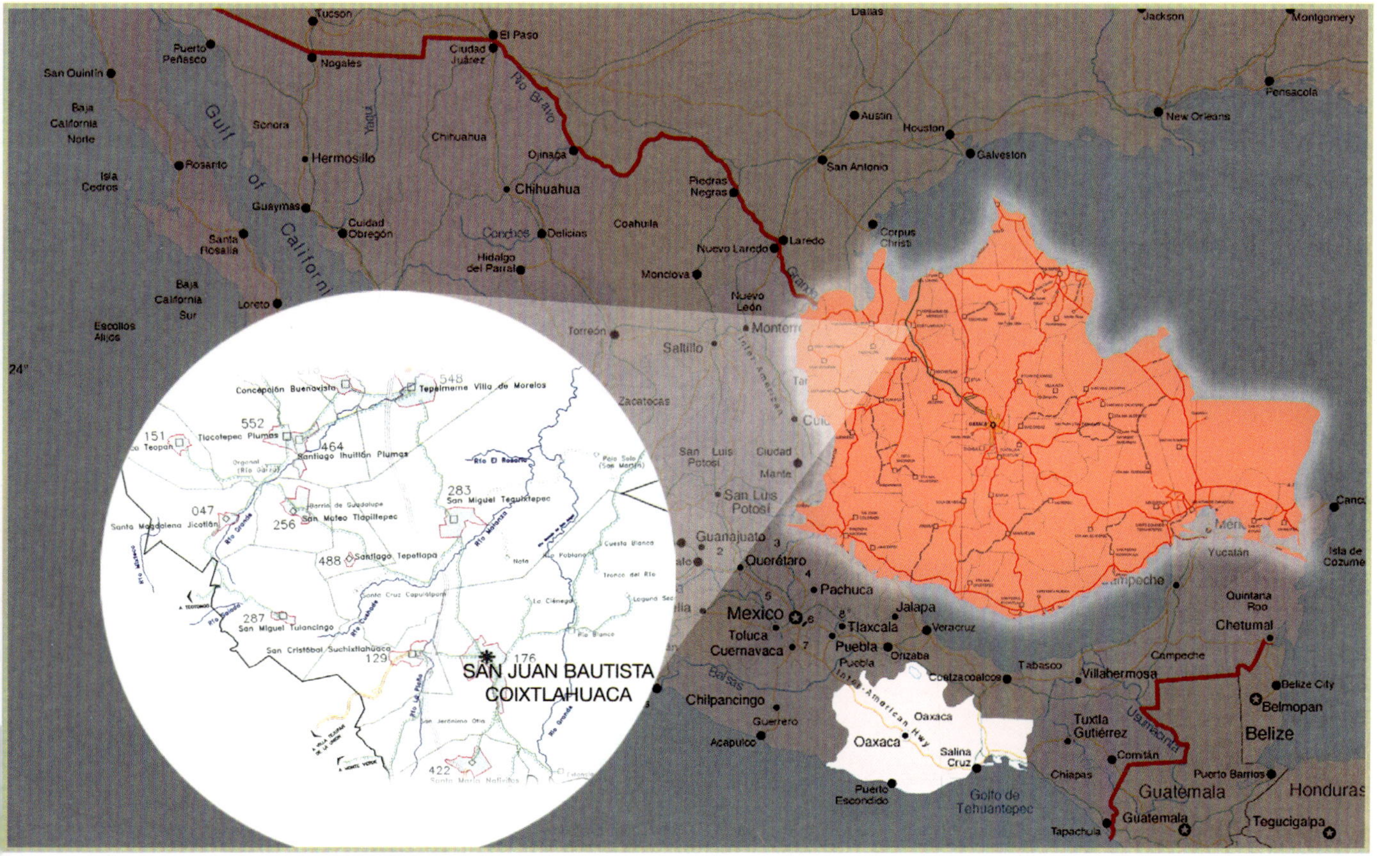

6. Glass 1964, cf. Cline 1972/75, III: fig. 30; Parmenter 1982.

7. König 1984.

8. Parmenter 1970, 1997; Van Doesburg (2001b: 30-31) atribuye la copia a Francisco Belmar.

9. Caso 1961; Parmenter 1982; Jansen 1992; Jonson 1997.

- *Lienzo de Ihuitlan*, Brooklyn Museum, Nueva York, [10]

- *Lienzo de Tequixtepec I,* en la comunidad, [11]
- *Lienzo de Tequixtepec II,* en la comunidad,[12]

- *Lienzo de Tulancingo,* en la comunidad,[13]

- *Lienzo de Aztatla,* (muy dañado y casi borrado) en la comunidad,[14]

- *Lienzo de Santa María Nativitas,* en la comunidad,[15]

- *Pintura de la Relación Geográfica de Tejupan,* en la Real Academia de la Historia, Madrid,[16]

- *Plano Topográfico de Santa María Ixcatlán* (1580), en la Biblioteca Nacional de París,[17]

- *Lienzo de Santa María Ixcatlan* (también llamado Lienzo Seler I): copia hecha por Eduard Seler (310 x 170 cms), destruida durante la segunda guerra mundial, [18]

- *Mapa de Cabellería de Tepelmeme* en el Archivo General de la Nación (Ramo de Tierras 2729-5), México, [19]

- *Códice o Tira Baranda,* en el Museo Nacional de Antropología, México, [20]

- *Rollo del Fuego Nuevo* (también llamado Rollo Selden), Bodleian Library, Universidad de Oxford, [21]

- *Códice Gómez de Orozco* (también llamado Fragmento Doremberg), en colección privada. [22]

10. Caso 1961; Parmenter 1982; Van Doesburg 2000.

11. Parmenter 1982; Van Doesburg 2002.

12. Parmenter 1982; Van Doesburg 2002.

13. Parmenter 1993; Rincón Mautner 1994; Van Doesburg 2000.

14. Rincón Mautner 1999.

15. Cline 1972/75, III: fig. 48; Van Doesburg 2001b.

16. Acuña 1984; Taylor 1999.

17. Cline 1972/75, III: fig. 41, cf. Smith 1973: 66, Rincón Mautner 1996a. La Relación Geográfica del mismo pueblo, conservada en la biblioteca del Institute of Latin American Studies de la Universidad de Texas, Austin, contiene dos mapas en estilo europeo (Acuña 1984: 225 ss.).

Lienzo Coixtlahuaca I

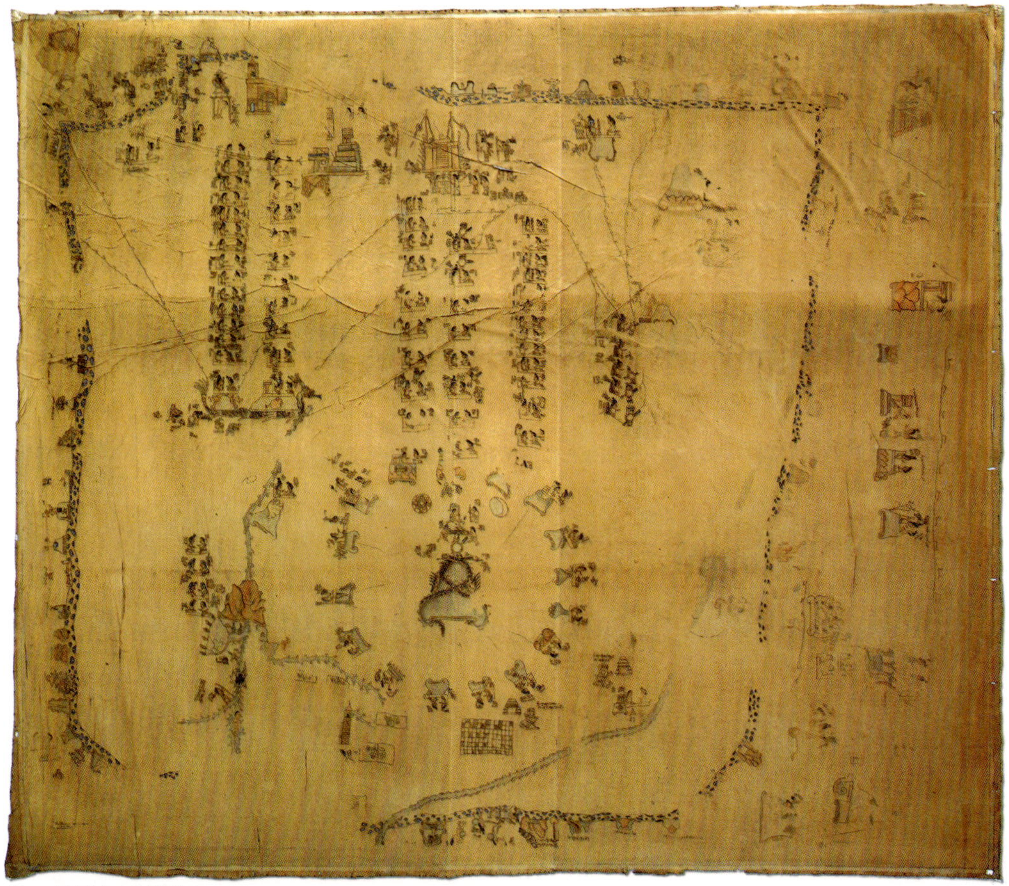

Lienzo Coixtlahuaca II Seller

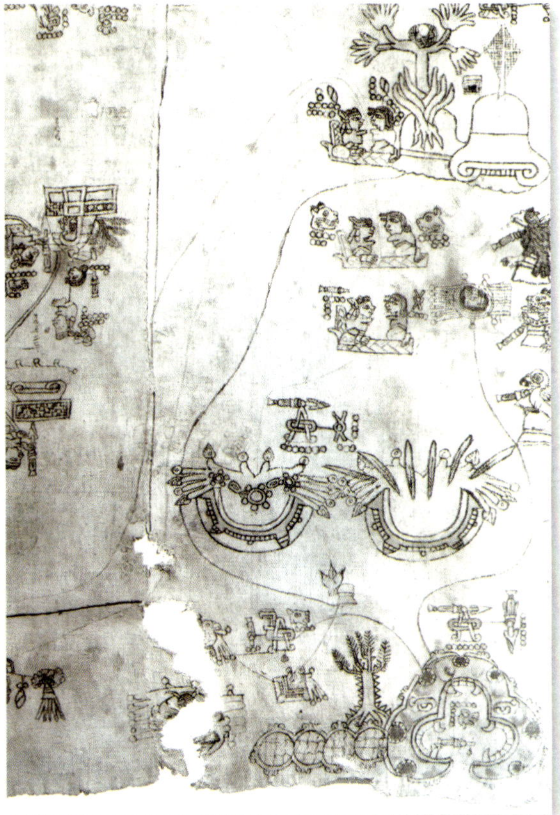

Lienzo de Tlapiltepec

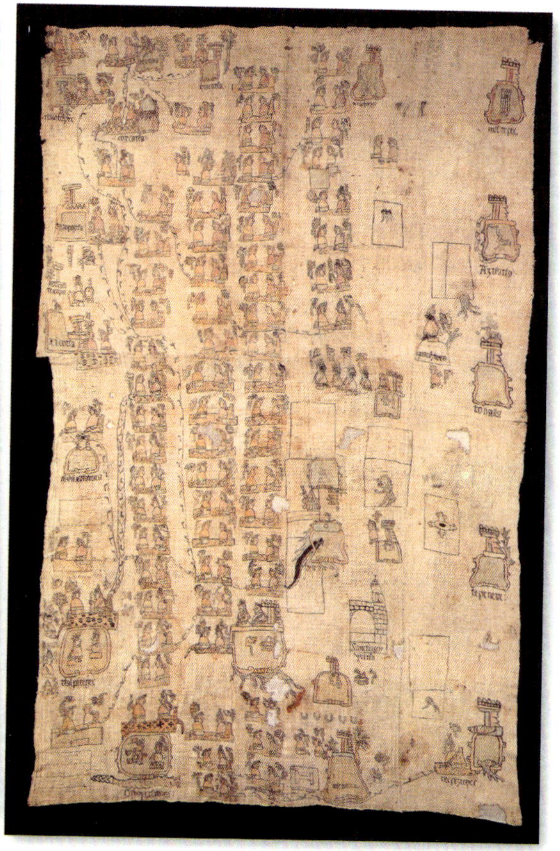

Lienzo de Ihuitlan

Lienzo de Ixca

Lienzo de Nativitas

Lienzo de Tequixtepec

Ahora a este conjunto se agrega el:
- *Lienzo de Otla,* en la comunidad.

Se trata de un corpus muy variado de manuscritos pictóricos. El estilo enseña que todos son productos de la época colonial temprana (alrededor de la mitad del siglo XVI). Varios contienen elementos arquitectónicos nuevos como Templos coloniales, pero a la vez conservan muchas convenciones del arte visual mesoamericano. Varios lienzos son grandes pedazos de tela, que impactan por su gran tamaño: el Lienzo de Coixtlahuaca II (Seler II), por ejemplo, mide 375 cms. x 425 cms, el Lienzo de Tequixtepec I es de 330 cms. x 250 cms y el Lienzo de Tlapiltepec es de 379 cms. x 1.69 cms. Mientras que el Rollo del Fuego Nuevo (Rollo Selden) es un rollo de papel amate, que mide 38 x 350 cms.

Como decimos, el inicio de los estudios de esta materia remonta al gran historiador oaxaqueño Manuel Martínez Gracida, quien desde su primera extensa descripción de las comunidades del Estado de Oaxaca (1883), se dedicó a recopilar un enorme acervo de datos arqueológicos, históricos, etnográficos y lingüísticos. La publicación de una parte de los resultados de su enorme proyecto científico (realizado en equipo de manera moderna, educativa y visionaria), que ya había entrado en la imprenta en 1910, fue interrumpida y truncada por la Revolución Mexicana.

Ahora su obra inédita se encuentra profesionalmente custodiada en la Biblioteca Pública Central de Oaxaca "Margarita Maza de Juárez".[23] Los datos conservados en este acervo hicieron posible la identificación del origen del Lienzo de Tlapiltepec. En la misma época el famoso maestro mixteco Abraham Castellanos fue un pionero para analizar y dar a conocer los

18. Rincón Mautner 1996b; Swanton & Van Doesburg 1996.

19. Smith 1973: 184, 245.

20. Caso 1958; Acuña 1989.

21. Burland & Kutscher 1955; Corona Nuñez 1964-67: vol. II.

22. Caso 1954.

23. Solamente una pequeña selección ha sido publicada: Martínez Gracida 1986.

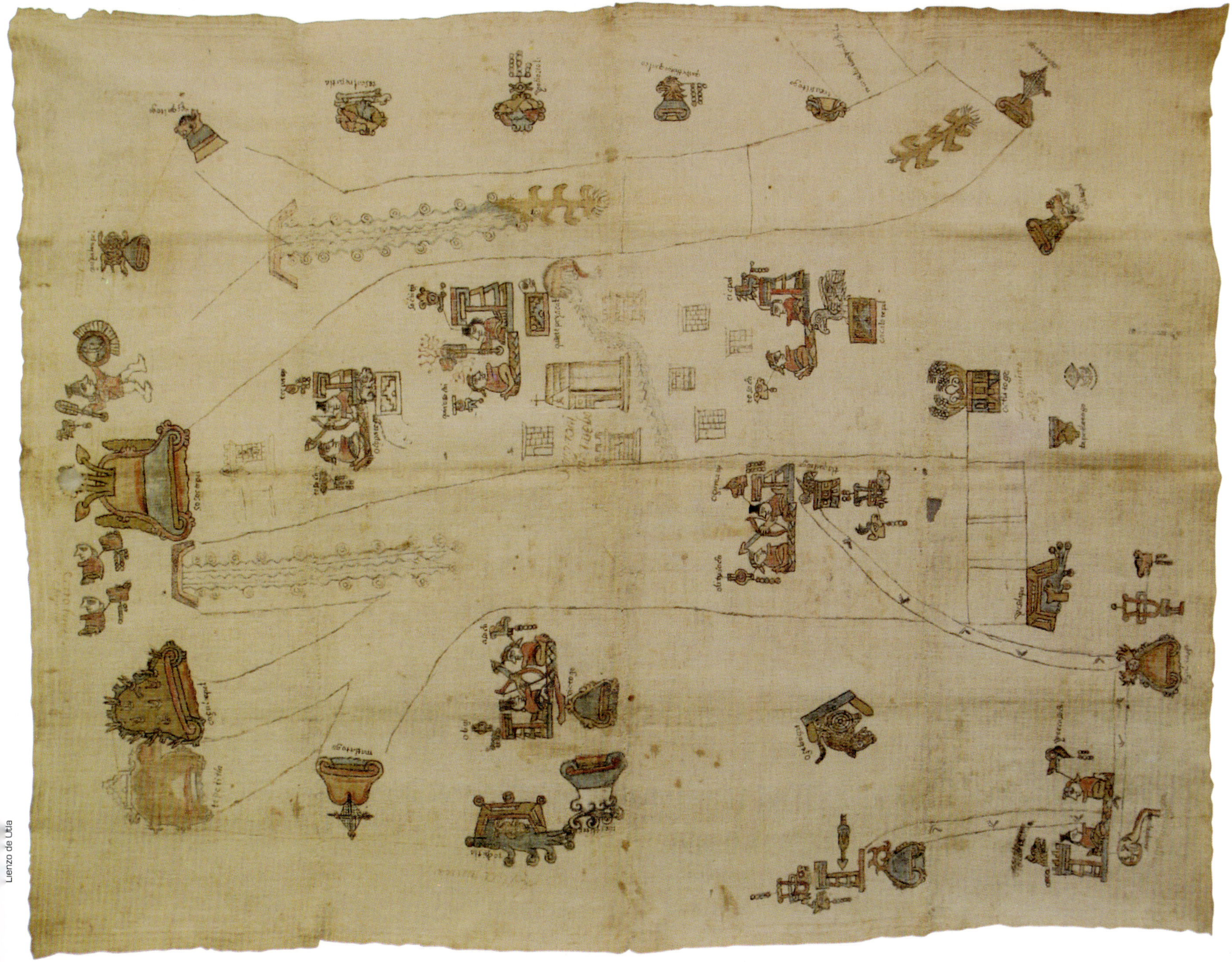

Lienzo de Utla

códices antiguos de Ñuu Dzaui (la Mixteca) y su significado simbólico. En este contexto se refirió a los documentos de Coixtlahuaca en su estudio sobre la "cronología indiana". [24]

Una primera visión del conjunto e interpretación histórica se debe a Alfonso Caso, quien, en el marco de sus investigaciones sobre los códices mixtecos, también dedicó varios estudios al grupo de lienzos y códices de Coixtlahuaca.[25] Escribiendo comentarios detallados sobre varios de estos manuscritos, Caso analizó cuidadosamente las genealogías y temas de las narrativas de varios manuscritos, comparándolos entre sí, identificando a los protagonistas y varios signos toponímicos. El mismo autor sintetizó aquellos estudios y sus observaciones posteriores en su gran obra póstuma Reyes y Reinos de la Mixteca (1977/79), incluyendo en el volumen II un índice de todos los personajes. La contribución de Caso fue enorme y sigue siendo el fundamento para las investigaciones contemporáneas. Simultaneamente, e intercambiando ideas con Caso, Ross Parmenter arrojó luces sobre el origen y la historia reciente de varios lienzos, así como sobre las relaciones entre ellos. Familiarizándose con el terreno, este investigador reconoció que el Cerro de las Hojas Puntiagudas, que aparece en lugares claves, corresponde al "Cerro Verde" (*Yucu Cuii* en lengua mixteca) [26] o "Nudo Mixteco", una cadena de varias montañas altas que forma un punto céntrico y el parte-aguas de este lugar de Mesoamérica: en donde por un lado las aguas corren hacia el Océano Atlántico, por otro hacia el Océano Pacífico. Además Parmenter llegó a conocer varios importantes lienzos (los de Tequixtepec y de Tulancingo) que hasta entonces habían sido cuidados celosamente en sus comunidades, guardando la información mucho tiempo para sí, para no defraudar la confianza de los dueños.[27]

24. Castellanos 1910, 1912.

25. Caso 1954, 1958, 1961, Los datos codicológicos de los manuscritos conocidos en aquel entonces se encuentran resumidos en el Handbook of Middle American Indians (Cline 1972/75). Concentrándose en el Lienzo de Nativitas, Van Doesburg 2001b detalla la historia de las investigaciones sobre este corpus de manuscritos.

26. El Cerro de Hojas Puntiagudas es identificado como Yuca Cuii, "Cerro Verde", por una glosa en el Lienzo de Nativitas (cf. Van Doesburg 2001b: 70).

27. Parmenter 1961, 1970, 1982, 1993. Basándose sobre sus estudios y los de Caso, Mary Elizabeth Smith incluyó una presentación sumaria del grupo de Coixtlahuaca en un apéndice de su obra sobre los jeroglíficos toponímicos mixtecos (Smith 1973: 182-184).

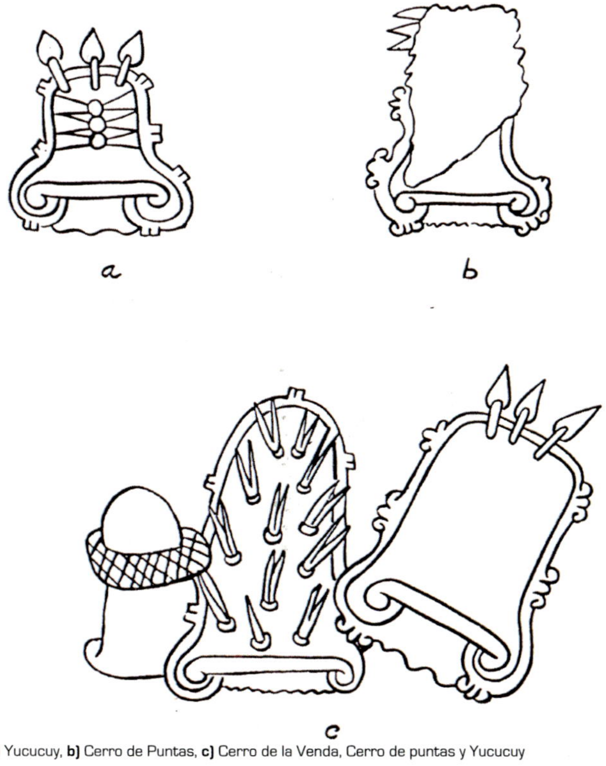
a) Yucucuy, b) Cerro de Puntas, c) Cerro de la Venda, Cerro de puntas y Yucucuy

Entre 1976 y 1979 Jansen tuvo la oportunidad de mantener una serie de conversaciones con Parmenter cuando ambos vivieron en la ciudad de Oaxaca. Trabajando en un comentario sobre el Códice Yuta Tnoho (Vindobonensis), un manuscrito Mixteco, que se refiere a la época de la fundación de los reinos del Postclásico, Jansen descubre que cuatro signos toponímicos actuan como una secuencia fija en el Códice Yuta Tnoho y en varios manuscritos pictóricos del área de Coixtlahuaca (el Lienzo de Tlapiltepec, el Rollo del Fuego Nuevo, el Códice Gómez de Orozco) corresponden a los nombres mixtecos (registrados en el Vocabulario de Alvarado) para los puntos cardinales:

• Lugar del Cielo es Andevui, "Cielo", probablemente el Kaua Kaandiui, "Peña del Cielo" cerca de Apoala, marcador del Oriente.

• Cerro Ajedrezado – Cerro Partido es Yucu Naa, "Cerro Oscuro", probablemente cerca de Tepexic (Cerro Partido en náhuatl), es decir Tepeji de la Seda en el Estado de Puebla, que funciona como marcador del Norte.

• Isla de Ceniza (o en un caso: Altar de Ceniza) es Yaa Yuta, "Ceniza del Río", el Río Nejapa (Río de Ceniza en náhuatl), probablemente la frontera occidental de la Mixteca.

• Templo de la Muerte es Andaya, "Lugar de la Muerte", probablemente la cueva que fue el sepulcro colectivo de los reyes mixtecos en Ñuu Ndaya (hoy Ñuu Ndeya), es decir Chalcatongo, punto Sur de la Mixteca Alta. [28]

Entonces Parmenter mostró a Jansen una foto del Lienzo de Tequixtepec I en que aparece el mismo tema de los cuatro jeroglíficos direccionales.

28. El gran investigador alemán Walter Lehmann publicó un primer estudio detallado de esta temática en 1905 (traduccón al español: Lehmann 1966), refiriéndose a un manuscrito de contenido religioso, conocido como Fonds Mexicain 20. Luego Karl Antón Nowotny (1959b) observó la presencia de los mismos signos en otros manuscritos. En su tesis doctoral Jansen (1982: 228 ss.) presentó los argumentos para identificar estos signos como indicadores de las cuatro direcciones en el Códice Yuta Tnoho (Vindobonensis) y otros manuscritos, conclusiones que elaboró posteriormente en su propio estudio del Fonds Mexicain 20 (Jansen 1998).

A partir de allí los dos iniciaron una investigación conjunta de los lienzos de Coixtlahuaca. Una de las contribuciones cruciales de Parmenter fue su descubrimiento de que la disposición de los signos toponímicos en la parte superior derecha del Lienzo de Tlapiltepec correspondía a la realidad geográfica, es decir: el lienzo contiene un auténtico mapa del área de Coixtlahuaca. Viendo este principio de organización del manuscrito pictográfico, Jansen se dedicó a analizar la continuación de esta sección del Lienzo de Tlapiltepec, es decir la parte inferior derecha, donde están varios lugares, que de acuerdo con la disposición geográfica del manuscrito, deberían ubicarse hacia el Noroeste. Así Jansen pudo demostrar que la extensión geográfica del lienzo incluía sitios en el Sur del Estado de Puebla, como Cuauhtinchan, Tepeaca y Quecholac. De hecho, la mención de tales lugares permitió interpretar esta parte del Lienzo de Tlapiltepec (con su paralelo en el

29. Obviamente para esta identificación fueron importantes las enseñanzas que Jansen había recibido de parte de los grandes historiadores mexicanos Wigberto Jiménez Moreno y Luis Reyes García: éste último había investigado precisamente este tema con mucho detalle en las fuentes del Centro de México (Reyes García 1977; cf. Kirchhoff & Odena Güemes & Reyes García 1976).

30. Parmenter y Jansen presentaron sus resultados preliminares en una conferencia en Oaxaca (Gaxiola & Jansen 1978); Jansen publicó su parte después en el Handbook of Middle American Indians (1992) y en un comentario al Códice Añute (Jansen & Pérez Jiménez 2007: 233-241)

Detalle Lienzo de Tlapiltepec

Lienzo de Coixtlahuaca II) como el relato de una expedición desde el área de Coixtlahuaca y desde la Mixteca hacia Cuauhtinchan en el siglo XIV d.C. Referencias a esta expedición se encuentran también en la Historia Tolteca Chichimeca y el Códice Añute (Selden).[29] Esto estableció una conexión histórica entre los lienzos de Coixtlahuaca, los códices mixtecos y las crónicas del Centro de México.[30]

A continuación Jansen descubrió otra importante conexión con la historia del Centro de México en la escena del Lienzo de Tlapiltepec que presenta la fundación del reino de Coixtlahuaca. El fundador de la dinastía de Coixtlahuaca fue el Señor 7 Agua, quien en los *Anales de Cuauhtitlan* aparece mencionado como Atonal (I), un noble procedente del Antiguo Cuauhtitlan ("Lugar del Águila"), puesto en el trono en Coixtlahuaca por los toltecas durante su expansión (o dispersión) final por gran parte

de Mesoamérica.[31] El Lienzo de Tlapiltepec nos dice que este evento tuvo lugar en el Cerro Verde (Nudo Mixteco), una impresionante cadena montañosa de gran importancia simbólica que domina el área.[32] Es allí donde, al final de una campaña militar en que cautivó y sacrificó a varios señores, llegó el Señor 4 Jaguar, armado con *macuahuitl* (macana) y escudo, en el año 6 Pedernal (1096 d.C) para supervisar el rito de la entronización. Los códices mixtecos mencionan un Señor 4 Jaguar, quien en el año 7 Casa (1097 d.C.) forjó una alianza con el gran guerrero mixteco Señor 8 Venado, originario de Ñuu Tnoo (Tilantongo) y en ese momento rey de Yucu Dzaa (Tututepec). El origen y la sede de poder de este Señor 4 Jaguar es representado como una Ciudad de Tules o Juncias (Ñuu Cohyo en lengua mixteca).[33] Varios investigadores han especulado sí se trata del mismo personaje. Dicho año 7 Casa sigue al año 6 Pedernal, pero esto en sí no comprueba nada, ya que los nombres de los años se repiten en ciclos de 52 años. Observamos, sin embargo, que según el Lienzo de Tlapiltepec el Señor 7 Agua (Atonal I), entronizado en el Cerro Verde, tuvo un nieto, llamado Señor 2 Flor, quien viajó a la Mixteca Alta para entrevistarse con el Señor 4 Viento en la Ciudad de Pedernales (Ñuu Yuchi, hoy un sitio arqueológico conocido como "Mogote del Cacique" en las cercanías de Tilantongo).[34] El hecho de que este Señor 4 Viento perteneciera a una generación posterior a la del Señor 8 Venado demuestra que el Señor 4 Jaguar del Lienzo de Tlapiltepec y el Señor 8 Venado efectivamente fueron contemporáneos. Esto indica de manera contundente que se trata del mismo Señor 4 Jaguar en ambos casos. A través de un análisis detallado, Jansen presentó un conjunto de argumentos para identificar la Ciudad de Tules como Tollan-Chollollan, es decir Cholula, la capital tolteca. La secuencia de los años 6 Pedernal - 7 Casa nos daría entonces el avance de este personaje

31. Anales de Cuauhtitlan 1975: párrafos 67 y 187 (Lehmann 1938: 107-109 y 252-253). Véanse Jansen 1986, 2006, y Jansen & Pérez Jiménez 2007: 111-126.

32. Caso 1961: A 15.

33. Códice Iya Nacuaa (Colombino-Becker): León-Portilla 1996. Códice Tonindeye (Nuttall): Anders & Jansen & Pérez Jiménez 1992b; Hermann Lejarazu 2006. Códice Ñuu Tnoo – Ndisi Nuu (Bodley): Jansen & Pérez Jiménez 2005.

34. Caso 1961: E 37. Cf. Jansen 1982: 275-276.

Reino de Pedernales

desde el reino tolteca en el Centro de México hacia el Sur-Oriente, primero estableciendo una nueva estructura política en Coixtlahuaca (Lienzo de Tlapiltepec), luego haciendo una alianza con el Señor 8 Venado en la Mixteca.

La cronología de los códices mixtecos permite calcular el encuentro de los Señores 4 Jaguar y 8 Venado en el año 7 Casa como 1097 d. C. [35] Consecuencia de todo este argumento es que el año 6 Pedernal, año final de la campaña después del cual el Señor 4 Jaguar llegó al área de Coixtlahuaca, donde supervisó la ceremonia de entronización de Atonal I en el Cerro Verde, debe corresponder a 1096 d.C. [36]

Observando las coincidencias entre la narrativa sobre este rey tolteca en los códices mixtecos y datos similares en los relatos del Centro de México y hasta del área maya, en que diversos reinos locales

35. Alfonso Caso propuso una sincronología general para la historiografía mixteca. Esta ha sido corregida por Rabin (2004), cuya interpretación fueron la base para la reconstrucción cronológica de Jansen & Pérez Jiménez (2005, 2007).

36. La ceremonia de la entronización involucró la ofrenda de una pelota de hule en un pasajuego, realizada por la Señora 13 Lagarto, la que aparece también como un personaje de la época de la fundación en el Rollo del Fuego Nuevo (Selden), donde hace un sacrificio humano en un pasajuego (cf. Caso 1977/79, II: 38). Van Doesburg (2001b: 39) sugiere que es idéntica con una gobernante temprana de Nativitas. También el encuentro del Señor 8 Venado con los toltecas tuvo lugar en un pasajuego (Códice Iya Nacuaa I, p. 11).

El Gran Guerrero 8 Venado

atribuyen su fundación a la intervención de los toltecas, Jansen propone identificar al Señor 4 Jaguar con Nacxitl Topiltzin Quetzalcoatl, el famoso rey de los toltecas en la época final de su imperio.[37] La dinastía tolteca de Coixtlahuaca entonces se conectaba, al igual que con el Señor 8 Venado, así como con los fundadores del lejano reino k'iché en Guatemala y tantos otros linajes nobles de Mesoamérica, con el legendario personaje de Nacxitl Topiltzin Quetzalcoatl, rey de Cholula. Varios manuscritos incluyen información sobre la ascendencia del Señor 7 Agua (Atonal I). Sus padres se llamaron Señor 12 Pedernal y Señora 12 Pedernal, quienes a su vez pertenecieron a una dinastía que tuvo su origen mítico en Chicomoztoc y el Río de Plumas y Jade.

Otros descendientes de la misma pareja habían migrado a importantes sitios del mundo tolteca (supuestamente para fundar familias nobles allí).

Nacxitl Topiltzin Quetzalcoatl, según la crónica de fray Diego Durán

37. Jansen 2006; Jansen & Pérez Jiménez 2007.

Esto explica porqué el Chicomoztoc, la cueva de origen, siendo un tema narrativo muy popular del Centro de México y representada convencionalmente como las fauces abiertas de una serpiente con siete joyas, aparece de manera prominente en la esquina inferior izquierda del Lienzo de Tlapiltepec.[38] En cuanto a la composición de este lienzo es interesante observar que hay un eje diagonal entre el Chicomoztoc en la esquina inferior izquierda y el Cerro Verde en la esquina superior derecha del lienzo. Los estudios y clases de Jansen en la Universidad de Leiden inspiraron a dos de sus alumnos, Bas van Doesburg y Olivier van Buren a estudiar los lienzos de Coixtlahuaca y a producir una nueva síntesis de su contenido global (1997).[39]

Posteriormente, trabajando como investigador postdoctoral en la Universidad de Leiden y después en la Biblioteca Burgoa y la Casa de la Ciudad en Oaxaca, Van Doesburg hizo varios

38. Véase también el Lienzo de Tequixtepec I. El Rollo del Fuego Nuevo y el Códice Gómez de Orozco combinan la referencia al Chicomoztoc con otro tema: el del Señor 9 Viento instruido en el Lugar del Cielo por el Señor 1 Venado y la Señora 1 Venado, un tema mixteco que tiene su paralelo en el Códice Yuta Tnoho, pp. 52-48 (Anders & Jansen & Pérez Jiménez 1992a). Notamos cómo las personas que proceden del Chicomoztoc en el Rollo del Fuego Nuevo (Selden) se distinguen por la pintura negra alrededor del ojo, una convención que en la pictografía mixteca sirve para caracterizar a los hablantes del náhuatl, es decir tolteca-chicimeca. El Rollo, entonces, parece integrar motivos de procedencia tolteca con motivos mixtecos y chochos.

Lienzo de Tlapiltepec

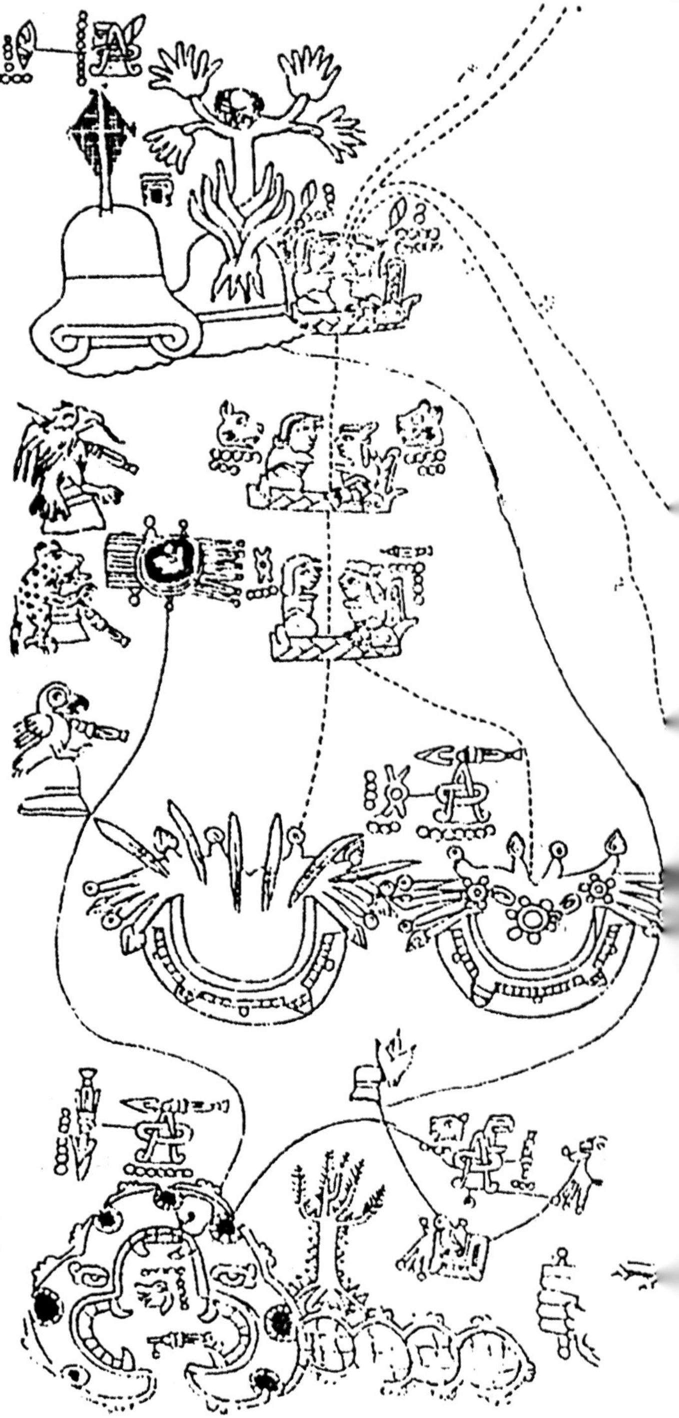

otros estudios pormenorizados, en que relacionó los lienzos puntualmente con otros documentos históricos del área y logró identificar varios topónimos locales.[40] De manera independiente, Carlos Rincón Mautner realizó en los años 90 una serie de investigaciones en el mismo Valle de Coixtlahuaca: su tesis de doctorado (1999) ofrece una visión del conjunto de estos manuscritos y refiere datos históricos relevantes. Entre las interpretaciones de Van Doesburg y Rincón Mautner existen notables diferencias, pero aquí no es el lugar idóneo para entrar en un análisis más detallado.

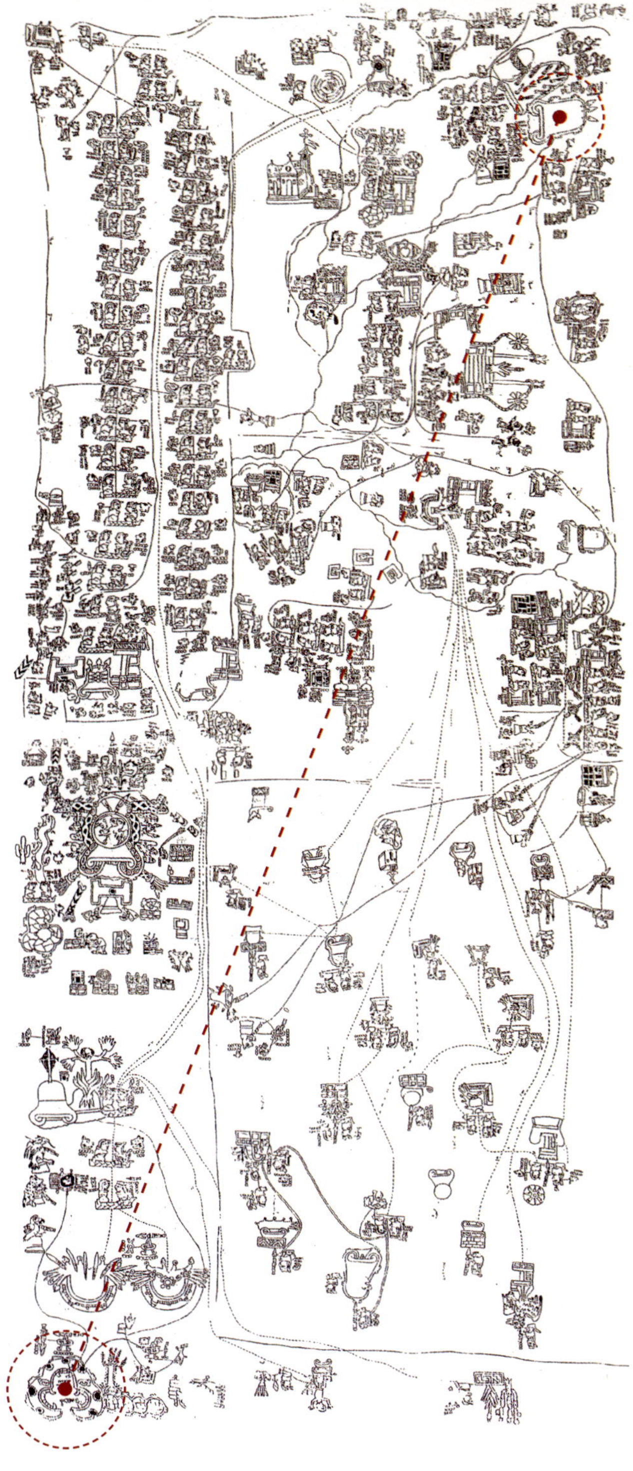

Cerro Verde

Chicomoztoc

39. También Boone, en su obra general sobre la pictografía narrativa (2000: ch. 6), discute el grupo de manuscritos de Coixtlahuaca y resume de manera muy clara varias ideas presentadas hasta aquel entonces.

40. Van Doesburg 2000, 2001b, 2003.

EL LIENZO DE OTLA

En la actualidad se ha venido desarrollando el proyecto "CULTURA MIXTECA, ruta de los dominicos", que aprovecha el valioso patrimonio natural y cultural cuyo principal objetivo es lograr que las comunidades de una de las regiones más pobres de México, la Mixteca, tengan una alternativa económica que mejore la calidad de vida de su población.

Para ello el Maestro Arquitecto Víctor Hugo Ruíz Ortíz diseñó paradores turísticos ubicados en las poblaciones de Coixtlahuaca, Yanhuitlan y Teposcolula, con el objetivo de concentrar al turismo interesado en la cultura, la aventura, el ecoturismo y el turismo rural.[41]

El diseño arquitectónico de los paradores no es una expresión solo espacial sino temporal. Es símbolo de aquello que oculta la memoria, sustancia misma de la tinta sagrada de los tlacuilos de ayer

41. De estas poblaciones el turismo puede ir a conocer comunidades a las cuales se llega por caminos de terracería en donde pueden realizar actividades recreativas en contacto directo con sus anfitriones, la naturaleza y las expresiones culturales que la envuelven con una actitud y compromiso de disfrutar, conocer y participar en la conservación de los recursos naturales y culturales. La ruta turística "CULTURA MIXTECA ruta que siguieron los dominicos", beneficia a la región pues propicia que el turismo tenga interés en conocerla y recorrerla generando necesidades de servicios culturales y turísticos que la gente de las comunidades a través de la creación de sus propias empresas tales como: renta de bicicletas, vehículos todo terreno, guías turísticos, renta de cuatrimotos, hospedaje, renta de caballos, entre otros generen empleo o se empleen en dichas empresas y los negocios ya establecidos tengan una mayor venta con el turismo que los visite.

Parador turístico Coixtlahuaca

Parador turístico Yanhuitlan

Parador turístico Teposcolula

que plasmaron su espíritu y que hoy susurran entre el viento de las montañas que penetra en los recovecos de sus ventanas. Su forma circular, introduce al visitante en una peregrinación que lo conduce a un centro que nos remite a un tiempo original, a esa gran cueva (Chicomoztoc) que contiene el misterio de lo impronunciable, que nos conduce a cerros sagrados e históricos como el Cerro Verde o el Cerro Jazmín, lugares de asentamientos primordiales y propone conquistar aquel centro oculto de la memoria genética por parte de los que ahora son herederos de los antiguos Ngigua y Ñuu Dzaui como una salida hacia nuevos horizontes.

Realizando en las localidades mencionadas de Coixtlahuaca, Yanhuitlan y Teposcolula las investigaciones arquitectónicas, históricas y culturales que fueron la base de este proyecto, Ruíz Ortíz recibió información de la existencia de un lienzo en la Agencia de San Jerónimo Otla, municipio de Coixtlahuaca, hasta entonces solamente conocido en la propia comunidad. Otla es vecino de Santa María Nativitas, de donde ya se conocía un lienzo importante y además la comunidad situada directamente al pie del gran Cerro Verde.

San Jerónimo Otla, Oaxaca, Méx.

El domingo 15 de enero de 2006, después de una asamblea en ocasión de su toma de posesión, las nuevas autoridades de la Agencia de San Jerónimo Otla decidieron mostrar a Víctor Hugo Ruíz Ortíz, Pilar Novelo Jarque, Fernando Juárez, Maarten Jansen y Gabina Aurora Pérez Jiménez (posteriormente volvieron a mostrarlo en presencia de la Doctora Cármen Cordero Avendaño de Durand), el precioso manuscrito, que estaba conservado en una caja (arca) de madera bajo custodia del presidente de bienes comunales y que de por sí solía ser sacado "a asolearse", es decir exponerlo sobre un petate, precisamente

Interpretación del Lienzo de Otla

en ese día de la instalación de las nuevas autoridades. El lienzo impacta de inmediato por su vivo colorido y su relativamente buen estado, que habla del enorme cuidado que generaciones de autoridades han tenido en su conservación desde que fue pintado en el siglo XVI. Luego en el punto central del borde superior distinguimos el conocido Cerro de las Hojas Puntiagudas, con una glosa en náhuatl: *sosoctepel,* es decir xoxouhquitepetl, "Cerro Verde".

En años posteriores se formó un pequeño grupo de investigadores para realizar una pequeña restauración, una interpretación y una publicación del lienzo. Todo esto con la total autorización y colaboración de las autoridades y habitantes de Otla.

Mientras, de manera independiente, Carlos Rincón Mautner había conocido ocho fotos de

este lienzo, que le fueron proporcionadas por el delegado agrario de la Procuraduría Agraria de Huajuapan, donde se había presentado el lienzo en el contexto de un pleito por tierras. Rincón Mautner luego publicó estas fotos (2007) con un estudio preliminar, que proporciona datos y observaciones importantes pero quedó algo limitado por el hecho que las fotos solamente reproducen partes del lienzo.

El lienzo de San Jerónimo Otla, mide 1.15m x 1.42m; está hecho de algodón y pintado con colores naturales característicos de la técnica mesoamericana. La pintura es una especie de mapa figurativo que da una imagen del paisaje natural y cultural (montes, ríos, barrancas, terrenos, caminos), con elementos arquitectónicos (casas o palacios en estilo precolonial; iglesia y casas coloniales). Hay una gran cantidad de jeroglíficos toponímicos, pintados de acuerdo con las convenciones

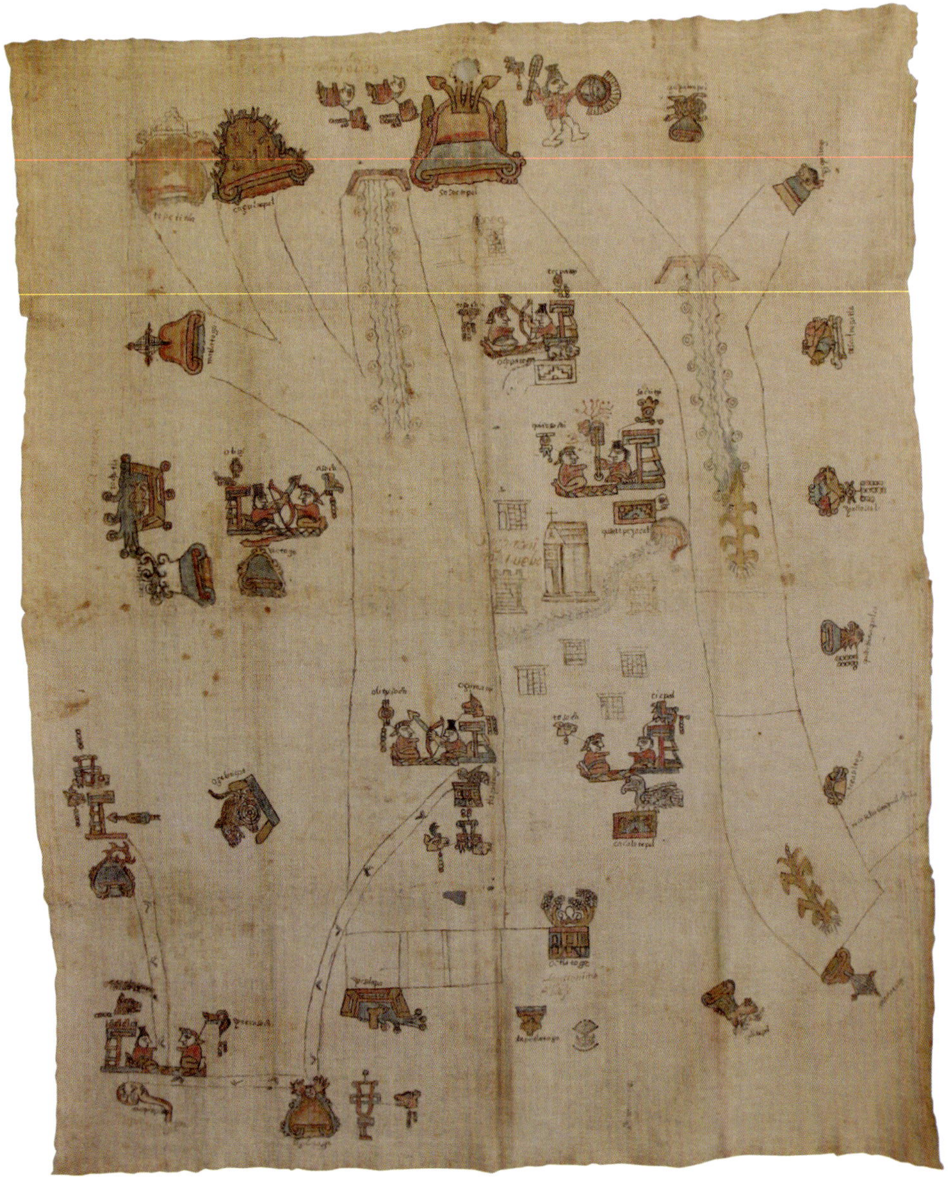

de los códices mixtecos. Reconocemos varios personajes masculinos y femeninos, identificados mediante sus nombres calendáricos (es decir signos del calendario que representan los días en que nacieron estos individuos y que les acompañan como nombres). En su mayoría están sentados sobre petates y junto a los palacios, en señal de que son los señores del lugar con que se asocian. Hay algunas fechas en el mismo calendario mesoamericano precolonial con su característico signo del año: un ideograma en forma de A-O.

Los pictogramas toponímicos presentan una glosa escrita con alfabeto latino en un náhuatl que no tiene la forma ni ocupa la ortografía "clásica" de Centro de México, de modo que probablemente es un uso local del náhuatl (probablemente ni siquiera por parte de un hablante nativo). Algunas otras glosas están escritas en castellano. Las glosas de topónimos en náhuatl se escribieron con

tinta negra y por su forma parecen pertenecer al siglo XVI. Las glosas en español son escritas con tinta que ahora tiene color sepia y tienen una forma más tardía (siglo XVII-XVIII).

Las figuras se encuentran trazadas con una línea negra y el color está aplicado a la superficie interior. Algunos trazos son más finos y delgados, mientras que otros son más gruesos y de línea más pronunciada, presumiblemente por el tipo de material con el que se dibuja y la técnica empleada. A veces, la línea presenta accidentes, por esta razón el trazo no es continuo y en consecuencia, la pintura o tinta no es uniforme. El color verde es utilizado para señalar vegetación, los azules para señalar los cuerpos de agua, lo que nos permite identificar el topónimo. El color terracota es usado como fondo y la superposición de colores está presente para indicar matices. La composición del lienzo presenta un conjunto de

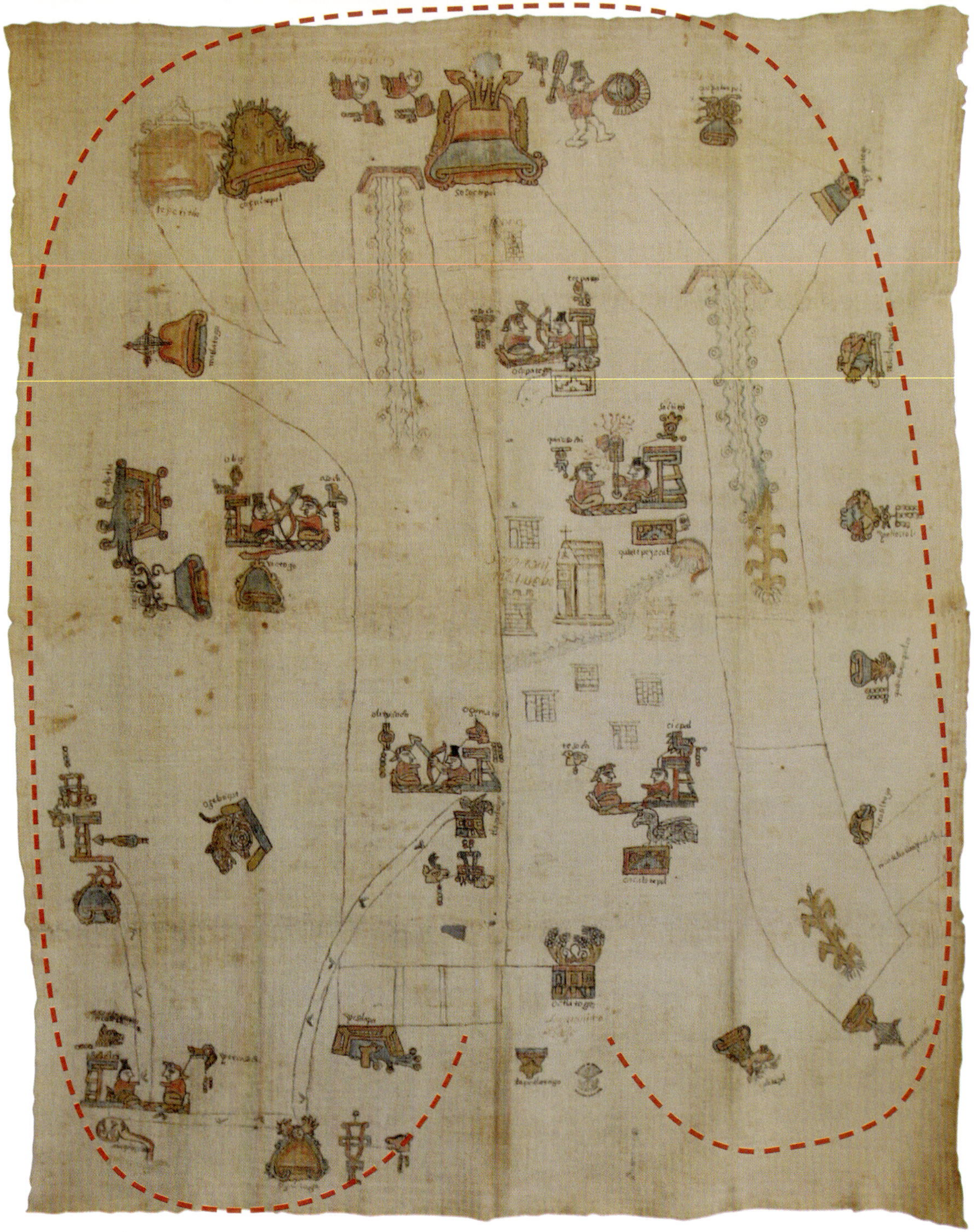

figuras como punto focal al centro y elementos pictográficos dispuestos de forma excéntrica, en composición circular. Los nacimientos de agua y afluentes pluviales como los caminos funcionan como ejes alrededor de los cuales se ubican todos los elementos pictográficos, la distribución de estos se encuentra de manera equilibrada concentrando elementos solo en algunos puntos, la distribución es vertical.

Al no haber escala, el plano o lienzo muestra las distancias y la diferencia de planos a través del alejamiento entre las figuras. Las líneas de los caminos y los elementos como puntos trinos, cerros con su jeroglífico toponímico, cuerpos de agua, representan la realidad geográfica y la trayectoria que va de un punto a otro focalizando el movimiento.

El mapa o paisaje del lienzo es claramente dominado por el signo del Cerro Verde, que genera un eje vertical, reforzado por las dos barrancas (con sus respectivos arroyos) que corren "desde arriba hacia abajo".

Al centro en la parte baja del lienzo encontramos la contraparte del Cerro Verde en el mismo eje: el signo de "Octlatogo" o "San Jerónimo el Viejo", que consiste en un basamento o altar multicolor, encima del cual está un corazón en medio de cuatro tallos con elotes (con su cabello).

Octlatogo, o más correctamente Octlatongo, significa en náhuatl: "Lugarcito (*ton-co*) del Lugar (*tlan*) del Pulque (*octli*)". La ortografía de esta glosa (*oc-tla*) en un documento identitario del pueblo es importante, porque la etimología de Otla podría también ser "Lugar de Camino" (*o-tlan*) o un "Lugar de Frutas" (*xoco-tlan*).[42] Nos llama la atención que el jeroglífico no contiene referencia al pulque. Esta discrepancia se podría explicar si suponemos que el signo represente otro significado del topónimo, no en náhuatl sino en la lengua local. En mixteco la configuración "(en el) corazón de los elotes" se lee *Ini Ndedzi,*

42. Por otra parte Rincón Mautner (2007: 80) cita a un documento del Archivo General de la Nación (Ramo Indios vol. 4, f. 29r) donde se menciona la formación de una nueva comunidad Xocotla cerca de San Cristóbal Suchixtlahuaca. Van Doesburg (2001b: 71) anota que el nombre de Otla en lengua ngigua ha sido documentado como Ndatse, topónimo traducido como "Agua Conejo", que permite también una traducción como "Nopal de Grana", lo que podría relacionarse con el Monte de Nopal frente al Cerro Verde en la esquina superior derecha del Lienzo de Tlapiltepec.

que, por la homonimia tonal en mixteco, también se puede entender como "en el (corazón del) pulque: *ndedzi* es tanto "pulque" como "elote".[43]

En Otla mismo ya no se habla una lengua mesoamericana, pero se conserva el recuerdo que la generación anterior hablaba ngigua (chocho), lengua a la que pertenecen también los topónimos locales. Por otra parte sabemos que en el siglo XVI el Valle de Coixtlahuaca era un área plurilingüe, con fuerte presencia de la lengua mixteca.[44]
Es interesante que hasta hoy la persona que solía pronunciar los discursos ceremoniales se conoce como *tonishanu* (toho nisanu en la ortografía mixteca del vocabulario de Alvarado), "hombre anciano", un término bien conocido de la lengua mixteca para el sabio, conocedor de la tradición y del lenguaje florido, que intervenía en arreglar los matrimonios y los bautismos así como en rezos para curaciones ("limpias").[45]

Aproximadamente en medio del eje vertical entre el Cerro Verde y San Jerónimo el Viejo Octlatogo vemos en el Lienzo de Otla un templo colonial con techo de paja, un prominente campanario y una cruz encima: una glosa identifica este santuario con las casas que lo rodean como "San Jerónimo Nuevo".

43. Cabe mencionar que el Lugar del Pulque aparece como un topónimo importante en el relato mixteco sobre la fundación de los señoríos (Códice Yuta Tnoho, pp. 47, 25, 1): es plausible que allí la referencia es al impresionante Cerro Verde, que se ubica en el territorio de Otla.

44. Cf. la contribución de Michael Swanton al libro editado por Jansen & Van Broekhoven (2008). Tanto el Lienzo de Coixtlahuaca II como el Lienzo de Nativitas, por ejemplo, contienen glosas en lengua mixteca.

45. En su tesis doctoral (2007), Ubaldo López García describe el oficio de tal persona y su papel crucial en la transmisión de la cultura mixteca.

El río o arroyo que pasa por este asentamiento ha de ser el que hoy en día se conoce como Río Chorro, que nace al pie del Cerro de la Virgen, un monte que se ubica inmediatamente atrás del templo colonial.

El dibujo de un templo con su campanario afirma la nueva identidad cristiana de la comunidad colonizada. Obviamente se trata de una versión más antigua del templo que actualmente domina el poblado. Encima de la puerta de ese edificio colonial leemos en latín: *domus meus domus orationis vocabitur,* "mi casa será llamada casa de la oración", frase conocida, que también aparece en la fachada del gran templo de Coixtlahuaca. Además se agrega una fecha: *Año 1691 mayo 3,* que documenta cuándo se acabó esta versión arquitectónica que hasta ahora podemos apreciar. A la vez la fecha conecta el edificio con un evento ritual importante: la fiesta del 3 de mayo, que

se celebra en toda Mesoamérica por coincidir aproximadamente con el paso del sol por el zenith (observado ya en ciudades - hoy sitios arqueológicos - como Teotihuacan y Monte Albán) que a su vez marca el principio de la temporada de lluvias. Generalmente se ha cristianizado como el Día de la Santa Cruz y hasta hoy en muchas partes de Oaxaca la gente se dirige a alguna cueva ("Casa de la Lluvia") para pedir allí que vengan las lluvias. En Otla se festeja este día al Señor del Buen Viaje.

Observamos que el templo está orientada hacia un cerro en frente, llamado hoy el "Cerro del Catrín". El "Catrín" o "Gachupín" (= "el español") es un término para "diablo" en el medio mesoamericano actual. A su vez, lugares hoy asociados con el diablo - ya en términos católicos - muchas veces fueron sitios consagrados a un dios mesoamericano (el "diablo" siendo una designación general de una deidad precristiana). Por eso, curiosamente, el nombre

"Cerro del Catrín" sugiere un culto mesoamericano, posiblemente relacionado con la observación del paso del sol por el zenith y las plegarias del inicio de la época de las lluvias (3 de mayo). Efectivamente, según la tradición oral, hubo antes una señora (de nombre Inés) quien, cuando no llovía, por solicitud de la autoridad local se fue a un paraje especial ("Palo del Viento") en una cañada con arroyo y grandes rocas, al pie del Cerro del Catrín, para pedir agua, lo que sugiere que allí se ubicaba una "Casa de la Lluvia".

HISTORIA MESOAMERICANA EN EL LIENZO

En muchos códices mesoamericanos el relato histórico inicia con un signo toponímico y una fecha (generalmente una fecha conmemorativa ceremonial).

Nuestro análisis del lienzo de Otla nos lleva a situar el punto del inicio de la lectura en la esquina inferior izquierda: allí en la orilla inferior del lienzo encontramos la combinación de una fecha y un signo toponímico, que es el origen de dos caminos (acciones). El topónimo es Monte de Disco en Llamas, que tiene la glosa *tegaltogo,* posiblemente tlecal-tongo, "lugarcito del horno".[46]

La fecha al lado es el año 1 Casa, día 8 Perro (es decir el séptimo día después del portador del año). Notamos que el ideograma en forma de A-O que representa el concepto del año solar, está de cabeza. Posiblemente el pintor quiso enfatizar que el relato se refiere a "tiempo atrás" o

una "época pasada", es decir a Mesoamérica. El camino que va hacia la izquierda nos lleva a dos personas que por su posición se deben interpretar como una pareja casada.

46. Otra posible lectura sería tesaltogo con las etimologías de tizatl-tongo, "Lugarcito de Tierra Blanca" o de texal-tongo, "Lugarcito de Piedra Arenisca", pero ambas no parecen coincidir con el jeroglífico. Los habitantes de Otla dicen que originalmente vienen de San Juan Viejo, que está por el rumbo de Ixcatlán y colinda con el pueblo abandonado de Jiquila, muy cerca de Tepelmeme. En este pueblo aún se pueden ver en pie algunos paredones de las construcciones antiguas.

47. Compárese la representación de los tequihua, "adalides', en el códice Mendoza, p. 67, y compárese el texto de Sahagún, libro VIII: cap. 21 y apéndice.

En el palacio (la casa almenada: *tecpan* en náhuatl, *aniñe* en mixteco) el Señor 4 Jaguar está sentado sobre un cojín de piel de jaguar. Viste una túnica roja con borde azul y se caracteriza como guerrero por el "peinado en forma de columna" es decir el pelo amarrado como lo solían llevar los guerreros de mucha experiencia, que habían hecho cautivos en la guerra.[47]

Una glosa transcribe su nombre en náhuatl: *ocelotzi* (ocelotzin), en que -tzin es el sufijo de respeto y Ocelotl el signo calendárico "Jaguar", de modo que podemos traducir esta glosa como: "noble (señor con el nombre calendárico:) Jaguar". Frente a él, sobre un petate, está sentada sobre sus rodillas su esposa, la Señora 7 Viento, identificada por una glosa como *Yeecasochi* (ehecaxochitl), "Flor (=noble señora con el nombre calendárico:) Viento". La terminación 'flor" (xochitl en náhuatl) en nombres femeninos parece haber sido una costumbre generalizada en esta región. La señora viste un huipil corto de color rojo y una enagua, de color café; su cabello está trenzado con cintas de varios colores.

Al igual que en los códices mixtecos el petate indica tanto el matrimonio ("fiesta del petate") como el reino esto en combinación con una silla o almohada, como es el caso aquí ("petate y trono"). Debajo de la pareja está el signo del lugar donde gobernaban: una cola de víbora en cuyo interior se ve un círculo con huellas de pies. Una glosa en letras negras y otra en letras de color sepia lo identifican como *tiaquizcotogo* (tianquizcotongo), "Lugarcito del Mercado". Este lugar y esta pareja la encontramos también en el Lienzo de Tlapiltepec, donde se sitúa debajo (es decir al Noroeste) de la iglesia de San Juan Bautista en el Sitio del Remolino de Líquido, posiblemente el barrio de Coixtlahuaca donde se encuentra el gran convento dominico.

Junto con otros signos el "Lugarcito del Mercado" parece integrar el conjunto de los barrios principales de Coixtlahuaca, cada uno con su propio

48. Caso 1961: C 27. Cf. Caso 1977/79, I: 128, y Van Doesburg & Van Buren 1997: 123.

49. Caso 1961: E 18. Cf. Caso 1977/79, I: 129-130 y Van Doesburg 2001b: . Van Doesburg & Van Buren (1997: 121) identifican la escena como una reunión religiosa preparatoria de la campaña (que últimamente llevaría al área de Cuauhtinchan) y sugieren que el lugar donde se llevó a cabo fue el valle de Omeapan dentro del territorio de Tlapiltepec.

50. Caso 1961: B 25.

51. Caso 1961: A 23.

linaje de gobernantes.[48] Obviamente el topónimo sugiere que fue el barrio del mercado.

En el Lienzo de Tlapiltepec el Señor 4 Jaguar tiene una flecha en la mano, indicación de que tomó el poder por medio de una conquista. Además el Lienzo de Tlapiltepec y el Lienzo de Coixtlahuaca II clarifican que el Señor 4 Jaguar inició su campaña militar junto con el Señor 1 Viento.[49]

Este Señor 4 Jaguar no es el mismo personaje que el Señor 4 Jaguar que intervino en la fundación de la dinastía de Coixtlahuaca y que arriba hemos identificado como Nacxitl Topiltzin Quetzalcoatl, sino perteneció a la segunda gran dinastía del Lienzo de Tlapiltepec, la de Cerro de las Puntas.[50] El Señor 1 Viento, su contemporáneo (aunque posiblemente mayor en edad), perteneció al linaje de Atonal (I).[51] Un cálculo global a partir de su posición generacional en aquellos linajes nos lleva a

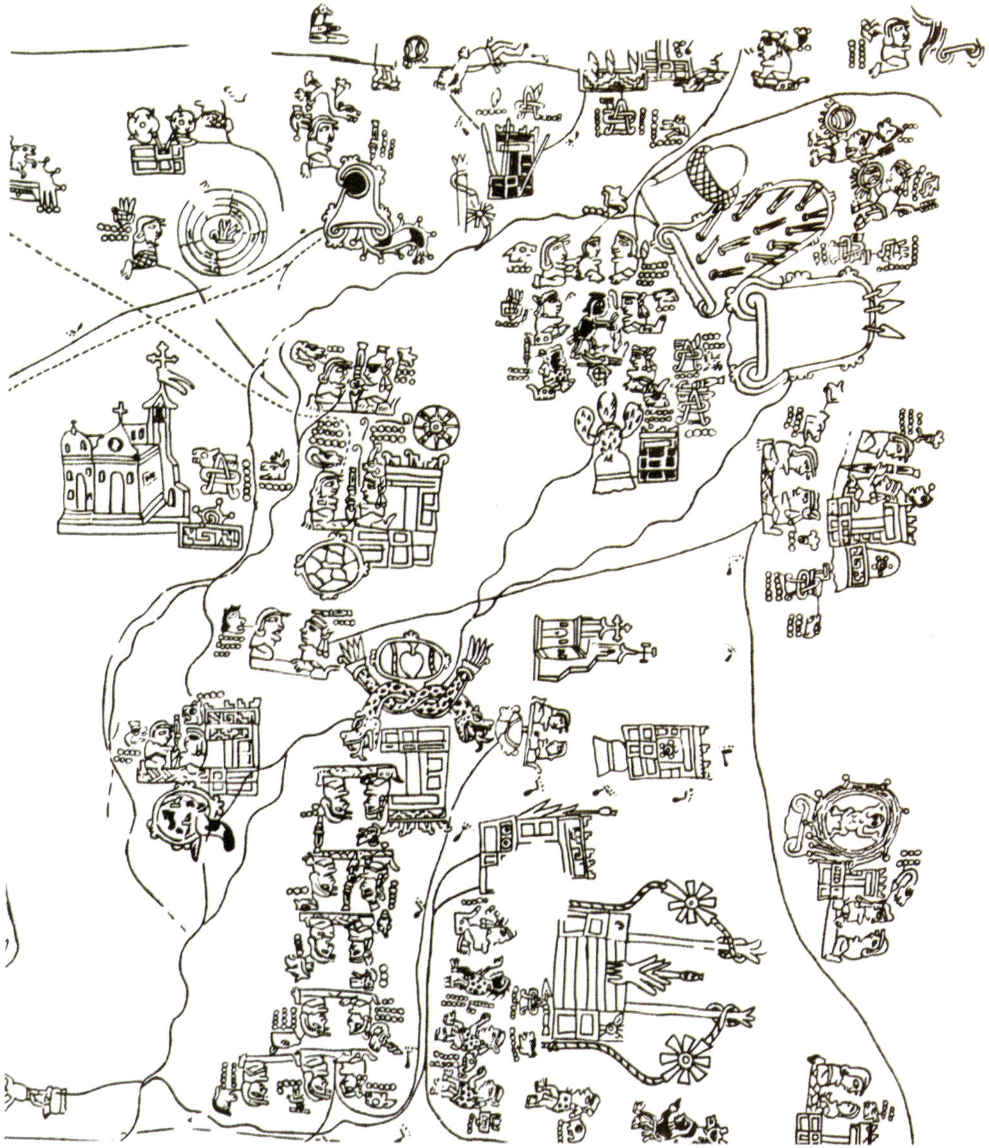

Lienzo de Tlapiltepec (dibujo N. Johnson)

pensar que sus actividades se deben haber desarrollado en el siglo XIII d.C. La campaña militar de estos dos gobernantes viene mencionada en varios manuscritos y parece haber iniciado una nueva estructura política (una "nueva fundación") en el área de Coixtlahuaca.[52]

El Lienzo de Otla muestra cómo el Señor 4 Jaguar se estableció en el barrio del mercado de Coixtlahuaca y continuó su conquista hasta el Cerro del Remolino de Sangre. Allí una flecha perfora el palacio (*tecpan*), indicando la conquista. Una fecha acompaña esta escena: año 4 Conejo, día 5 Venado.

Es posible que el Cerro del Remolino de Sangre sea el mismo lugar que el mencionado Sitio de Remolino de Líquido en el Lienzo de Tlapiltepec, es decir el sitio asociado posteriormente con el convento dominico en Coixtlahuaca.

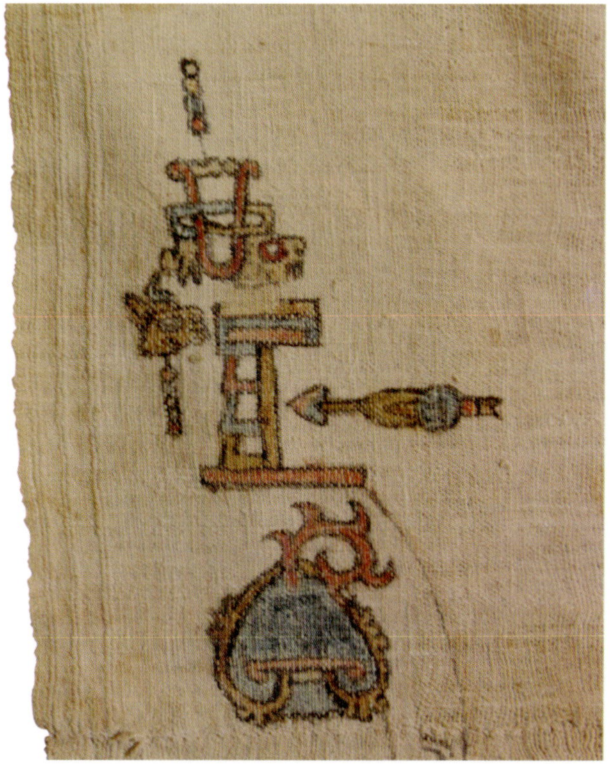

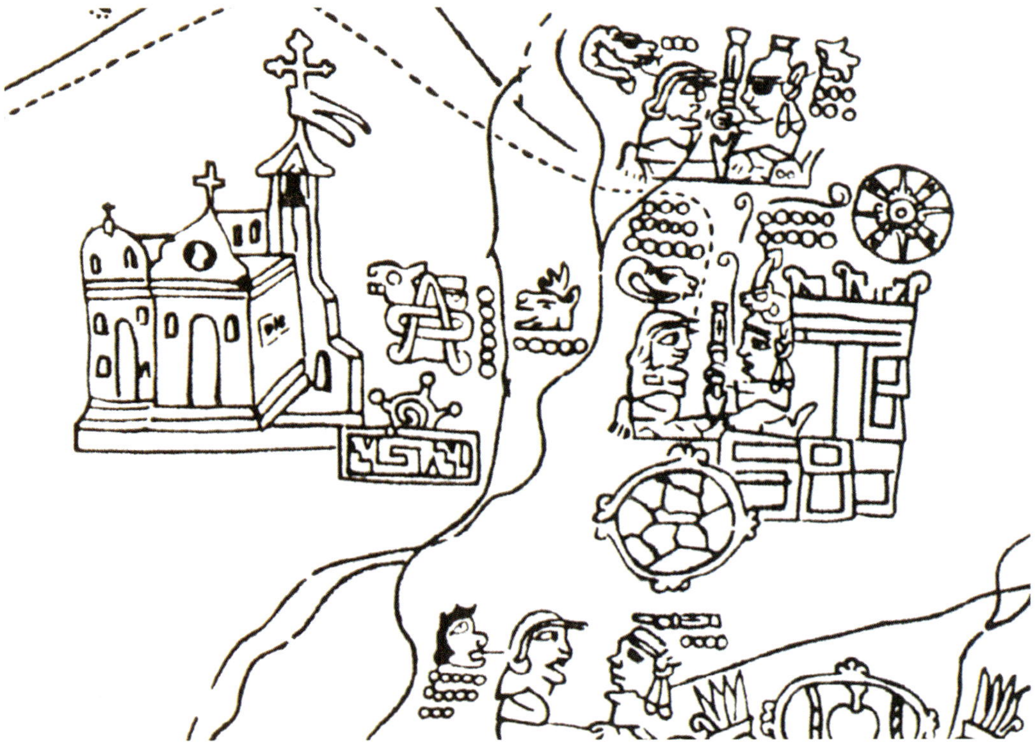

Detalle Lienzo de Tlapiltepec. (dibujo N. Johnson)

Un documento colonial clarifica que un tecpan de Coixtlahuaca se llamaba Tineñe (en mixteco) y Yestepeque (en náhuatl), que significan "Lugar de Sangre" y "Cerro de Sangre" respectivamente y lo identifica como un "barrio de los mixtecos", de modo que el linaje del Señor 4 Jaguar parece haber sido mixteco.[53]

Junto al Sitio de Remolino de Líquido en el Lienzo de Tlapiltepec vemos la fecha año 6 Conejo, día 5 Venado, que también se conecta con la campaña militar del Señor 4 Jaguar en el Lienzo de Coixtlahuaca I. Otra variante de lo que ha de ser la misma fecha aparece en el Lienzo de Coixtlahuaca II (Seler II): allí vemos el Señor 4 Jaguar y su esposa, la Señora 7 Viento gobernando el Cerro de Sangre y al lado el mismo Señor 4 Jaguar participando en una batalla en el año 5 Conejo, día 5 Venado.[54]

Se trata de un conflicto armado durante el cual

el Señor 4 Jaguar conquistó al Cerro del Pájaro y mató a su gobernante, el Señor 8 Zopilote, evento puesto como parte-aguas de la historia dinástica de Santa María Nativitas en el lienzo de este lugar (vecino de Otla) y fechado allí en el año 5 Conejo, día 9 Lagarto.

Las diferentes fechas causan cierta confusión cronológica, pero es claro que se refieren a un conflicto armado, que resultó en el establecimiento de una nueva estructura de poder. El Lienzo de Otla conecta su información histórica con este conflicto, haciendo una referencia sumaria a esos hechos en la esquina inferior izquierda. Luego nuestro lienzo repite el año 4 Conejo, día 5 Venado con el segundo camino que sale del Monte de Disco en Llamas (tegaltogo). Este camino se dirige hacia el centro del lienzo y lleva a la pareja del Señor 10 Mono y Señora 5 Movimiento. El primero se distingue por el pelo amarrado a modo de los

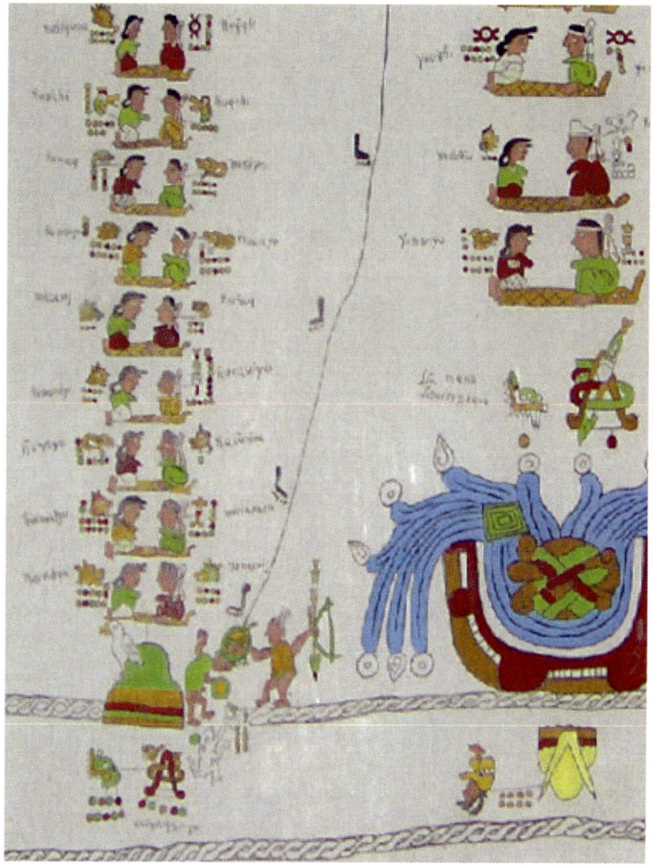

52. Van Doesburg 2001b: 42-47.

53. Van Doesburg 2001b: 45-46. Ocupamos aquí el término "sitio" para transcribir el signo que consiste de una tablero de grecas, que se lee ñuu, "lugar, pueblo" en lengua mixteca (cf. Smith 1973).

54. El año 6 Conejo, día 5 Venado, tiene una estructura bastante común en fechas de carácter ceremonial: se trata de la víspera de la repetición del portador del año (es decir: del día 260 del año), pero no podemos reconstruirla con seguridad, ya que en este caso se puede tratar también (por lo menos originalmente) de una referencia cronológica a un evento específico. El año 6 Conejo sería 5 años después del año 1 Casa, que se menciona con el inicio de toda esta escena en el Lienzo de Otla.

guerreros y por tener un arco y una flecha en la mano; es identificado por una glosa en náhuatl como *oçomatzi* (ozoma-tzin) "Noble Mono", es decir la forma abreviada de su nombre calendárico. Su esposa es identificada de manera similar como *olitzisoch* (olin-tzin-xochitl), "Flor Noble Movimiento".

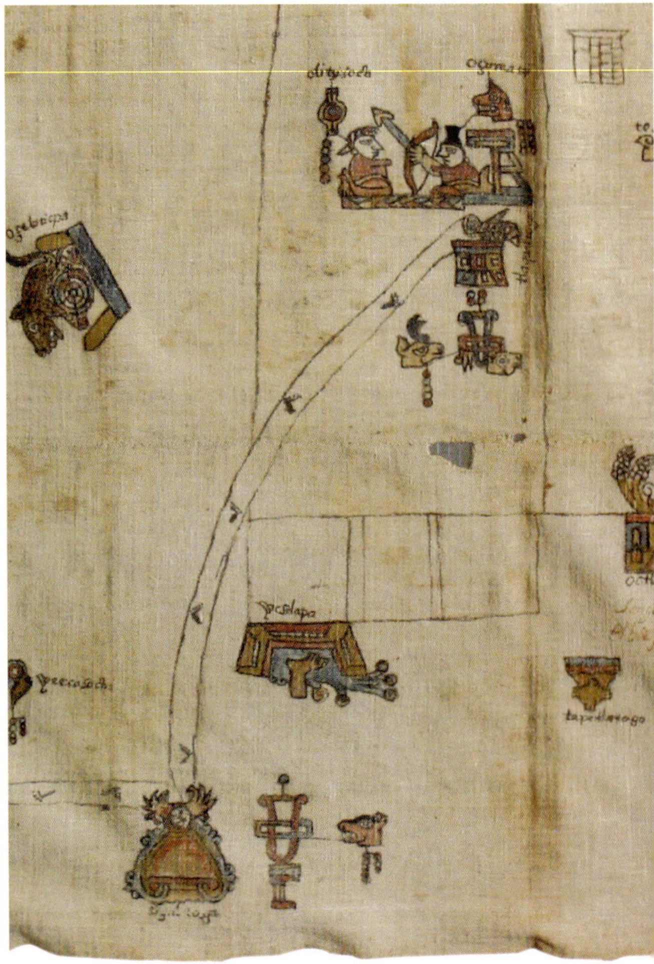

El lugar donde se establecieron y gobernaron se pinta como Altar del Insecto (¿Avispa?), identificado por una glosa en náhuatl como *tlaqualtogo,* un nombre de difícil comprensión: posiblemente venga de una contracción de una palabra ahora desaparecida (como *tlaletzatl,* "avispa parda") y la terminación tzacual-tongo, "Lugarcito del Altar". Junto a este sitio se ve la fecha año 4 Conejo, día 5 Venado, como recordatorio que la toma de poder de esta pareja en este lugar estaba conectada con la campaña militar del Señor 4 Jaguar, referida en la esquina inferior izquierda del lienzo. Notamos cómo el camino (de la invasión desde fuera) pasa al lado del jeroglífico toponímico Altar de Corazón de Elotes (Otla Viejo), que no tiene ni palacio ni pareja de gobernantes.

Más hacia la derecha y más arriba del signo de Altar de Corazón de Elotes (Otla Viejo), encontramos otro palacio con una pareja de gobernantes, asociado con el Sitio del Cuervo, glosado como cacalotepel (cacalo-tepetl), "Cerro del Cuervo". El gobernante, sentado en el palacio se llama Señor 6 Lagarto. La glosa da el signo de su nombre calendárico: *cicpal* (cipactli), "Lagarto". Notamos que a diferencia de los señores anteriormente referidos este hombre no se caracteriza por su indumentaria militar: no lleva armas, ni el pelo amarrado a la usanza de los guerreros. Su esposa, sentada sobre el petate, se llama Señora 2 Conejo, con la glosa *tosoch* (toch-xochitl), "Flor Conejo".

Más arriba, pasando el Cerro de Hojas Puntiagudas (Cerro Verde), vemos todavía dos hombres sentados, con la espalda hacia el paisaje de Otla y mirando hacia fuera, es decir en la dirección del territorio mixteco: son el Señor 7 Perro o Mono y Señor 13 Perro o Mono. No tienen armas, ni el pelo de los guerreros, sino al contrario parecen ser calvos. Posiblemente se trate de gobernantes anteriores del área, que fueron vencidos y desplazados hacia la Mixteca Alta. Tal vez por eso el sitio de Corazón de Elotes, Otla Viejo, quedó sin linaje de gobernantes.

Nuestra lectura histórica nos ha llevado desde la orilla inferior del Lienzo de Otla hacia el centro de la orilla superior, donde el Cerro de Hojas Puntiagudas, es identificado por una glosa en náhuatl, *sosoctepel* (xoxouhqui tepetl), "Cerro Verde". Este cerro pertenece a la impresionante cadena montañosa que se conoce como el "Nudo

Mixteco". Los habitantes actuales conocen este lugar como "nuestro cerro". Además se considera que originalmente era la novia del Pico de Orizaba, pero se enojó con él y se apartó. De los lados bajan barrancas y arroyos. A la derecha vemos la confluencia de las barrancas de La Ciénega y de Boca de Perro, donde se forma la Cañada del Coyote. El agua permite cultivo de maiz (de cajete).

Al igual al otro lado del Cerro Verde, a nuestra izquierda, bajan barrancas con agua que forman una sola, tal como se indica en el lienzo. Estos detalles geográficos, así como las referencias a Otla Viejo y Otla Nuevo, nos permiten una ubicación geográfica global de los sitios mencionados: el Cerro Verde se ubica al Sur del actual centro de la población. Altar de Corazón de Elotes (Otla Viejo) corresponde al lugar donde los habitantes actuales de Otla recuerdan que estaba el "pueblo viejo", un sitio en el valle antes de la entrada al

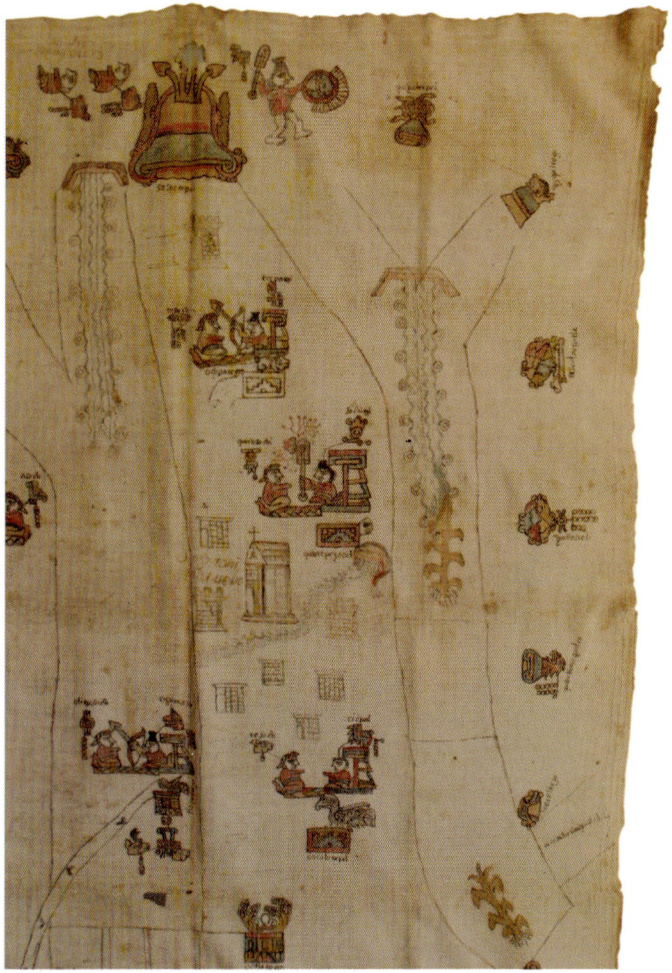

pueblo actual, donde está un sabino. El Altar del Insecto (¿Avispa?) corresponde a Dunangue, una loma con restos arqueológicos. Los habitantes actuales reconocen el camino que llega desde la orilla inferior del lienzo hasta el palacio del Señor 10 Mono como una versión antigua por donde ahora pasa la supercarretera de cuota que va de la Ciudad de México a la Ciudad de Oaxaca atravesando Coixtlahuaca pasando por la loma Dunangue (al Oriente de la comunidad actual de Otla).

El Sitio del Cuervo ha de ser Raruja, un lugar cerca de San Jerónimo Viejo, donde, según afirma la tradición oral, "llegó primero nuestra gente". Está en la cima de tres cerros que forman la parte baja del lado norte del Cerro de la Virgen; en esta cima se encuentran montículos y plataformas. El punto que nos indica el lienzo parece ser el montículo que se encuentra en la cima del cerro número tres si los contamos de izquierda a derecha o el que está mas al norte.

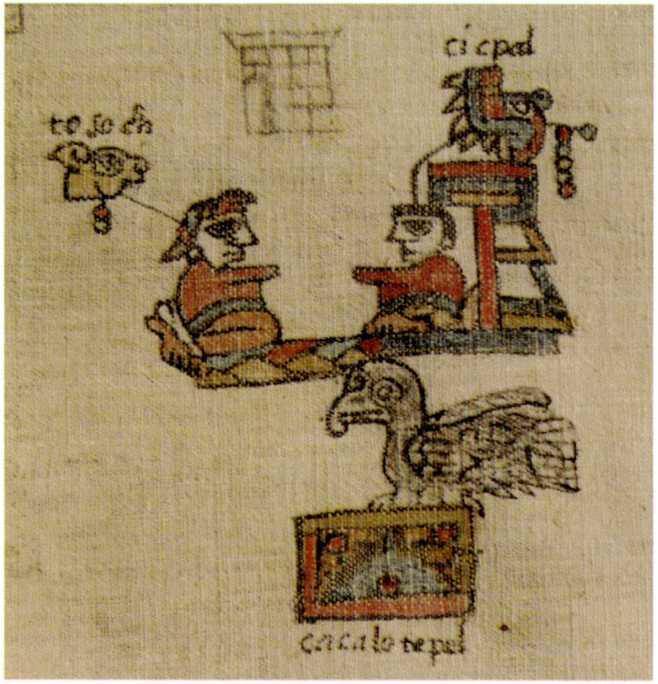

De este cerro baja una pendiente abrupta hacia el nor-poniente, norte y nor-oriente. Desde aquí se puede observar directamente al Norte el Pico de Orizaba o Citlaltepetl y el Cofre de Perote.

El Sitio del Dios de la Lluvia (Blanco) corresponde al Cerro de la Virgen, un monte atrás de la iglesia colonial de Otla. Al pie de este cerro efectivamente nace el Río Chorro que pasa por la comunidad actual de Otla. El Cerro de la Virgen es un lugar de muchas historias: allí se dice que está guardado el tesoro de Atonaltzin (quien peleó contra los aztecas) y allí también apareció una estampa de la Virgen – se trata de la Virgen de Juquila (o de la Concepción). Por los tiestos que se ven en la superfice (entre ellos del tipo "Yanhuitlan Rojo sobre Crema") sabemos que se trata de un sitio arqueológico habitado en el Postclásico. El nombre mesoamericano sugiere la presencia de un culto a la Lluvia. El Monte de la Coa corresponde

a la Loma del Moral. El Sitio del Río y del Conejo corresponde al Cerro del Catrín, una montaña al centro del valle de Otla entre la actual agencia municipal y el Cerro Verde (que tiene un montículo y una pequeña plaza en la cima). Como ya se dijo, el nombre "Cerro del Catrín" se refiere al "diablo" y es indicativo de un culto mesoamericano.

Resumimos nuestra interpretación; Cuando el Señor 4 Jaguar tomó posesión en dos barrios de Coixtlahuaca - el del mercado y el Remolino de Sangre (donde posteriormente se construiría el convento dominico) -, se establecieron cinco palacios o "casas nobles" en el valle de Otla, al pie del Cerro Verde. Las cinco parejas mencionadas fueron los fundadores de linajes aristocráticos, que, sin duda, sobrevivieron en el siglo XVI. En los cuatro casos los hombres son caracterizados como guerreros, es decir: pertenecieron a un grupo de "invasores" que, al igual que el Señor 4 Jaguar en Coixtlahuaca,

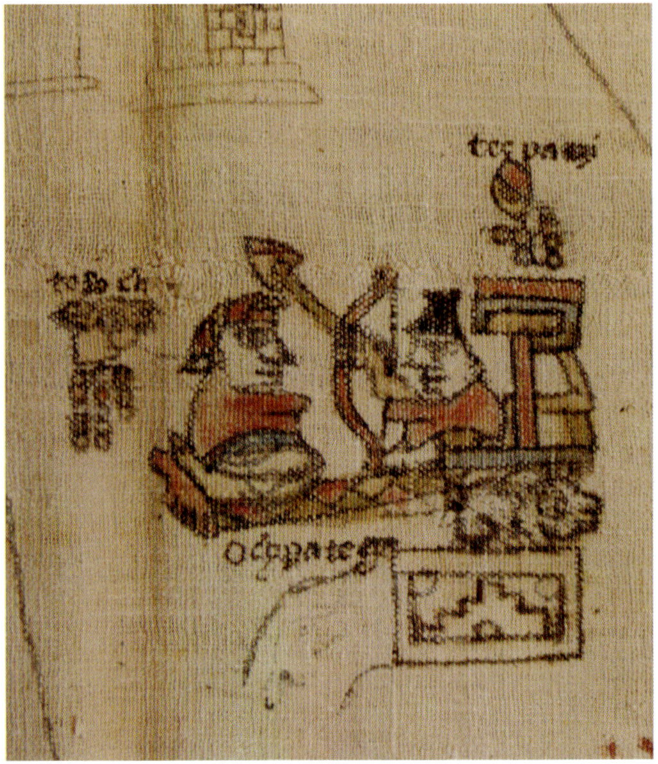

tomaron el poder por las armas. Es posible que sus esposas pertenecieran a la aristocracia local.

En un caso, el del Sitio del Cuervo, el gobernante no comparte la iconografía guerrera: probablemente representa la continuación de un linaje anterior, que se alió con los nuevos poderosos. Dos gobernantes anteriores fueron exiliados y se establecieron al otro lado del Cerro Verde (la parte de Tonaltepec), fuera de su territorio ancestral.

La configuración política en forma de cinco casas, cada una asociada con un topónimo específico, concuerda bien con la imagen que nos dan otros manuscritos del área de Coixtlahuaca. El Lienzo de Tlapiltepec, por ejemplo, muestra las diferentes unidades de la cabecera de Coixtlahuaca misma, con sus parejas gobernantes, así como cinco casas asociadas con Tlapiltepec.[55]

Tales casas aristocráticas probablemente tuvieron su extensión en términos personales: una cantidad de tributarios, que a su vez implicaba una extensión territorial en forma de "barrios" o "estancias", ubicados en diferentes lomas alrededor del pequeño valle de Otla.[56]

El Lienzo de Otla, entonces, es un documento colonial que contiene una explicación de la realidad política del pueblo originario haciendo referencia al establecimiento de estas casas en la región como consecuencia de un conflicto armado en el siglo XIII.

55. Caso 1961: C 26-30 y EF 14-16.

56. Compárese el acertado análisis de las casas nobles (teccalli en náhuatl) que hace John Chance (2000, 2004).

EL LINDERO

Después de haber sacado a los gobernantes anteriores, un guerrero salió del Cerro Verde, hacia la derecha, para iniciar una serie de topónimos, que rodean la escena central del lienzo en la dirección de las manecillas del reloj. Se trata del Señor 2 Lagarto, que tiene el pelo amarrado y viste una túnica de color rojo reforzada con algodón para usar en la batalla (*ichcauipilli*). Con la mano derecha blande su macana mientras que se protege con un escudo en la izquierda. Según su indumentaria, el Señor 2 Lagarto parece haber pertenecido al grupo de guerreros que tomaron posesión de los diferentes sitios y palacios de Otla.

Los habitantes actuales de Otla identifican al lugar donde está parado este guerrero como la "huella del gigante", un paraje al lado del Cerro Verde. De allí podemos leer la siguiente serie de mojoneras antiguas:

- Cerro de la Rana, con la glosa *quepaltepel* (cuetzpal-tepec), "Cerro de la Lagartija", y en sepia "*cerro de rana*".[57]

- Cerro del Perro, con la glosa *yçquiltogo* (itzcuintongo), "Lugarcito del Perro", hoy conocido como "Boca de Perro".

57. Esta y las siguientes dos mojoneras corresponden con mojoneras en el Lienzo de Nativitas, que tienen nombres en lengua mixteca: yucu tiyahua, "Cerro de la Rana", ytnu yna, "Loma del Perro", y toto yeque, "Peña de Huesos" (Van Doesburg 2001b: 70-71).

- Piedra de Huesos, con la glosa *tescalnepantla,* (texcal-nepantla) "Entre Peñascos", hoy Peña de Huesos.

- Piedra de 13 Movimiento, con la glosa *yoliostol* (ollín-oztotl), "Cueva del Movimiento"

- Monte de 11 Águila, con la glosa *quavctli itzaqualco* (cuauhtli itzacualco), "Altar del Águila".

- Vaso de Piedra, con la glosa *tecasiltogo* (tecaxitl-tongo) "Lugarcito del Vaso de Piedra". Aquí se menciona un terreno especial con una glosa.

- Monte de la red, con la glosa *matlatogo,* (matla- tongo) "Lugarcito de la red".

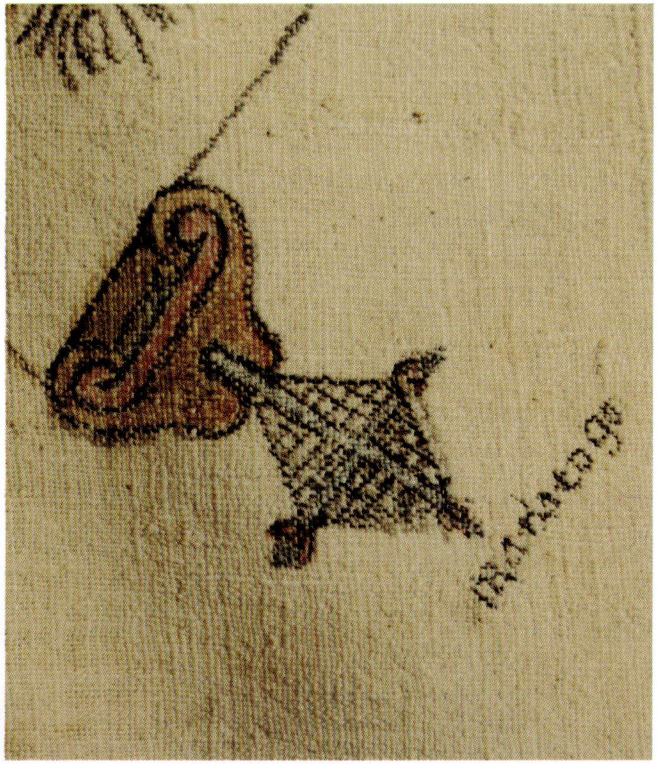

- Cerro del Ave y de 7 Perro, con la glosa *çulitepel* (zolin-tepetl), "Cerro del Codorniz".

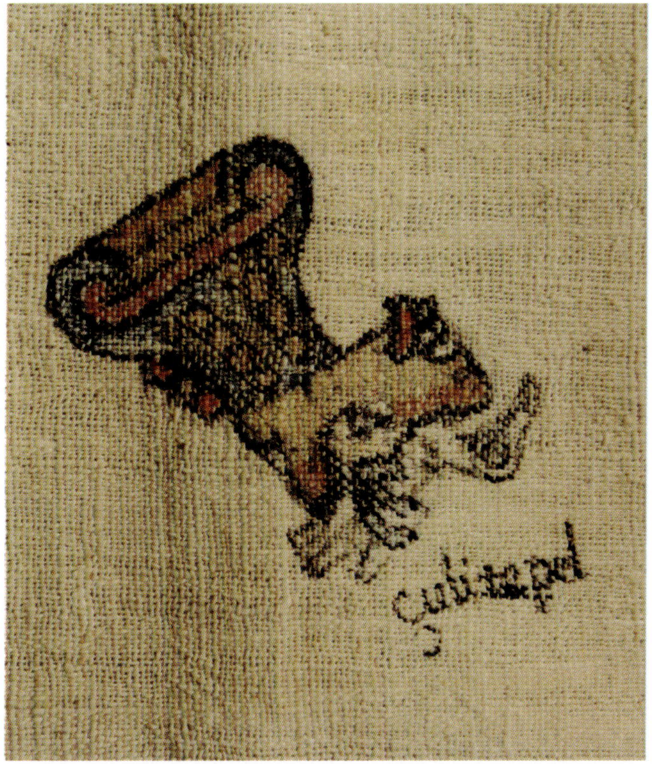

- Monte de Piedra, con la glosa *tepetlatogo* (tepetla-tongo), "Lugarcito de Tepetate o de Serranía".

- Río del Pie con la glosa *ycsilapa,* "Río del Pie". Aquí también se mencionan varios terrenos.

- Valle con Telaraña y un Jaguar encima, con la glosa *oceloticpa* (ocelo-ticpac), "Donde está el Jaguar", hoy Peña del León.

- Cerro de las Nubes con la glosa *mixtlitepel* (mix-tepetl), "Cerro de las Nubes".

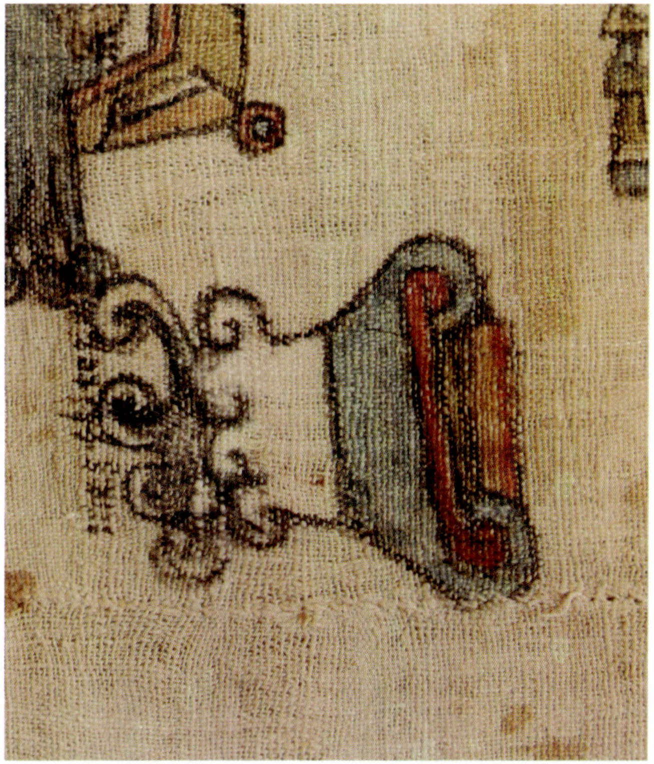

- Río de Conejo, con la glosa *tochitla* (Tochitlan), "Lugar de Conejos".
Arriba letras en sepia dicen: "agua puerca", como se conoce este lugar hasta hoy día.

- Monte de la red, con la glosa *matlatogo,* (matla- tongo) "Lugarcito de la Red".

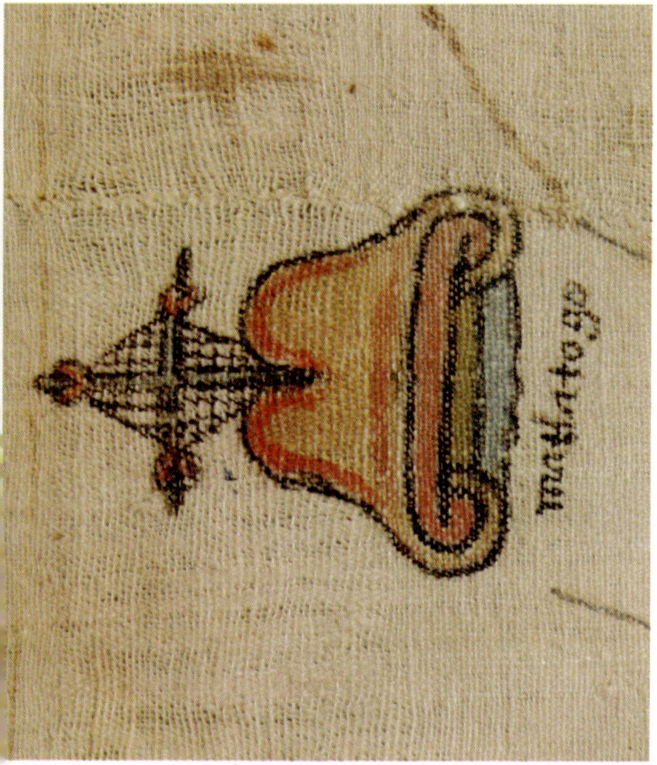

Con esto se llega a dos montes que también pertenecen al Nudo Mixteco:
- Sitio Blanco Encima de la Montaña, con la glosa *tepetitla* (tepe-titlan), "En el Monte", el cerro que los de Otla hoy conocen como Palo Hueco.
Cerro de Pares de Hojas, con la glosa *coçultepel* (cozol-tepetl) hoy conocido como Amarillo y Morado.

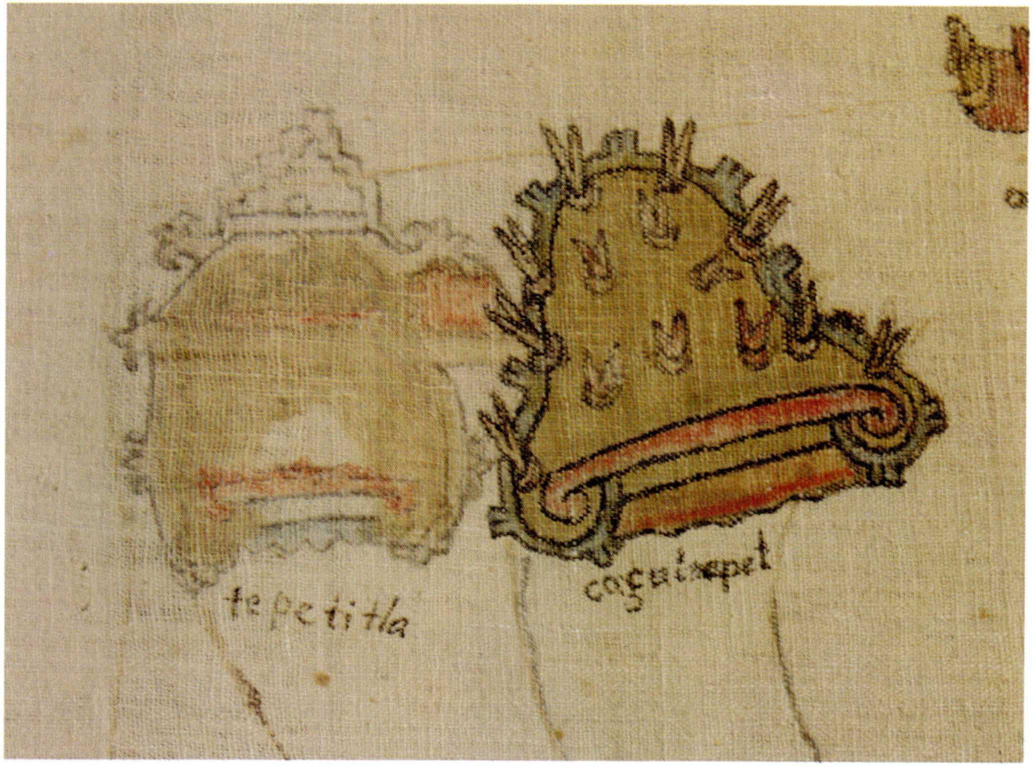

Estos dos montes corresponden al Cerro de la Venda y el Cerro de Pares de Hojas, que forman un conjunto con el cerro de Hojas Puntiagudas (Cerro Verde) en la esquina superior derecha del Lienzo de Tlapiltepec.

En sepia se ponen además en la orilla superior del Lienzo de Otla las glosas: "Cerro berde chiquito" (otra cumbre del Nudo Mixteco) y "cerro berde grande" (el mero Cerro Verde). Los signos toponímicos forman un círculo y son pintados vistos desde el centro de ese círculo, es decir con su parte superior hacia fuera. Esta convención sitúa también al observador del lienzo en medio de este círculo y genera una conexión con el territorio de la población, presentado como "nuestro". Aquí no queremos detenernos con la identificación precisa de cada sitio; pero es obvio que se trata del antiguo lindero que encerraba el pequeño valle de Otla.

LA ÉPOCA COLONIAL

El templo colonial al lado del arroyo identifica el centro de la población en el siglo XVI. No se asocia con una pareja de gobernantes: aparentemente se trata de una fundación nueva que incluye o congrega las casas nobles ya existentes, sin el dominio de un linaje de caciques específico. Es claro que el nuevo centro se ubicó cerca del Sitio de la Lluvia, la montaña actualmente conocida como Cerro de la Virgen. El nombre actual de aquel lugar a su vez es indicativo de la cristianización de un santuario mesoamericano.

La tradición oral relata "un día una señora de edad fue a ver a la Virgen de Juquila y que cuando llegó a Juquila apenas alcanzó la misa pero no le dio el dinero para comprar una estampita o imagen de la virgencita y muy triste emprendió el viaje de regreso a Otla y en el camino se paró a descansar cuando de repente vio una pequeña piedra que le llamó la atención por su forma, la

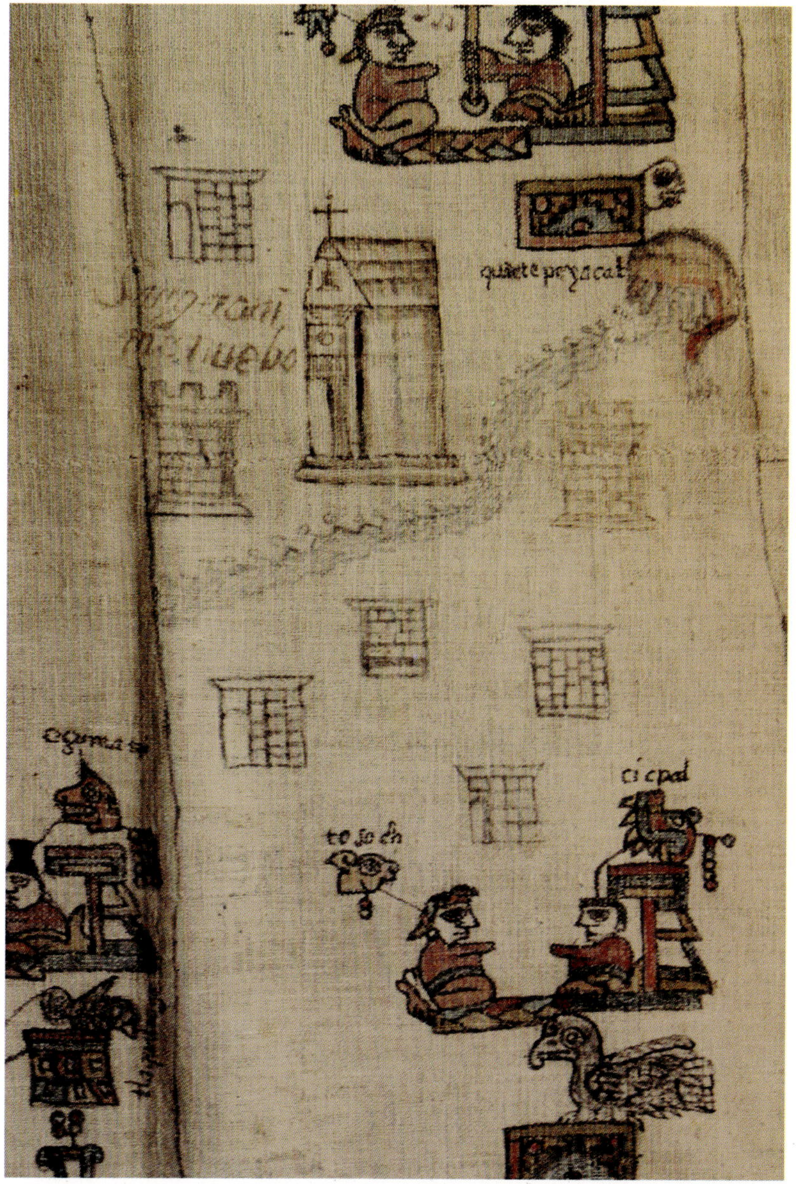

recogió y la metió en su tenate, cuando llegó a su casa que se ubicaba en el Cerro de la Virgen, colgó su tenate y luego se dispuso a descansar. Al otro día se levantó y cuál fue su sorpresa que encontró que la piedra se había convertido en la estampita de la Virgen de Juquila: la levantó y la colocó en una mesa hasta que un día soñó que la Virgencita le pedía que subiera al Cerro de la Virgen donde le pidió que la llevara al templo y ya en la iglesia que avisara al cura para que a partir de ese día fuera adorada en la iglesia de Otla en uno de los retablos que hasta el día de hoy ahí se encuentra. Su esposo al principio no le creía pero de tanto que insistió le dio oportunidad porque el ya estaba pensando que la señora había perdido la razón".

Alrededor de la iglesia del pueblo nuevo de Otla en el lienzo se pintan siete casas con muros de piedra, arquitectónicamente distintas de los palacios mesoamericanos. *(ver imagen pág. 83)*. Además el pintor cambia aquí la pintura polícroma de los códices mesoamericanos por el trazo de tinta sin colores, típico de los manuscritos españoles. Todo esto enfatiza que la colonia fue una nueva realidad social y cultural. Por otra parte las siete casas refleja la cosmovisión mesoamericana: parece reintroducir el concepto de Chicomoztoc, "Siete Cuevas", metáfora religiosa mesoamericana para simbolizar el origen común de distintos pueblos y dinastías.

Además, más arriba en el lienzo, entre el sitio "Río del Conejo" y el Cerro Verde se ve una iglesia pequeña (con su campanario), y en frente de ella una casa: otro asentamiento colonial. Esta iglesia tiene las almenas de una torre o casa: posiblemente fue un edificio secular (¿mesoamericano?) convertido en templo colonial. Su localización corresponde a un paraje que hoy se conoce como la Loma Caliente.

So Soc tepet

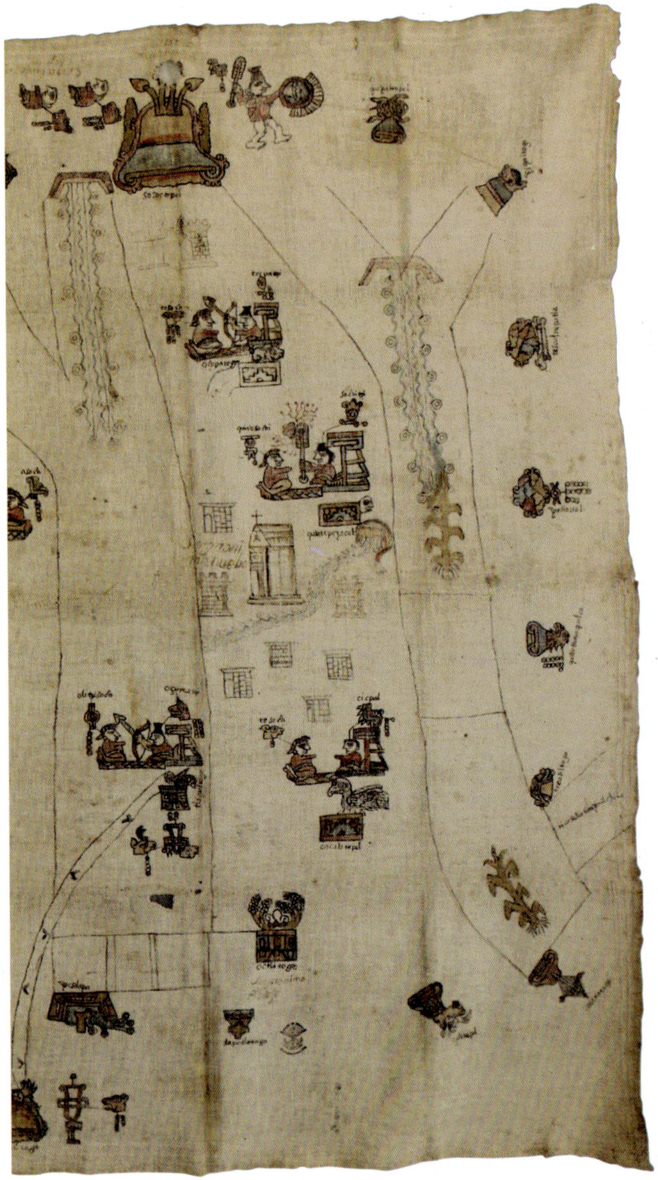

Con la misma técnica: líneas de tinta negra para el tiempo y aspecto colonial, el pintor nos da a entender que en esa época Otla tuvo terrenos de cultivo en las barrancas y alrededor de pueblo viejo (Altar de Corazón de los Elotes), actualmente en el lindero con San Cristóbal Suchixtlahuaca.[58] Dado el carácter, contenido y contexto de los manuscritos de la época colonial, es probable que la mención explícita de aquellos terrenos se debe a litigios por tierras, que se hicieron muy comunes en ese tiempo por todo el país y que en varios casos siguen hasta hoy día.

Un largo documento colonial, conservado en el archivo de bienes comunales de Otla junto con el lienzo, contiene varias referencias a tales pleitos de tierras. Dice por ejemplo: "habiendo llegado a la boca de una cañada a orillas del camino real que va de dicho pueblo de San Jerónimo [Otla] al dicho de Coixtlahuaca a orillas de una milpa

58. Para tales terrenos de cultivo en barrancas, véase el Mapa de San Juan Sosota (Jansen & Pérez Jiménez 2007: cap. II).

que dichos testigos dijeron ser el principio de las ierras, que dichos naturales de San Jerónimo tigan con los de San Cristóbal [Suchixtlahuaca] corriendo de la parte del norte para la del sur desde la orilla de dicha milpa, hasta donde está un árbol de sabino..." Esta frase parece referirse precisamente a los terrenos entre el camino del Altar del Insecto y Otla Viejo (ubicado en el paraje del sabino).

El mismo documento confirma la ubicación de las mojoneras Cerro del Perro y Cerro de la Rana: se llegó a un portezuelo cuyo paraje dijeron nombrarse en dicha lengua chocha Xunia y en a mixteca Itnuina donde se puso una cruz que parte términos corriendo las tierras de Texupa para la parte del poniente y las de San Jerónimo para la del oriente... Y estando para proseguir dicho amparo dijeron dichos testigos que el paraje nombrado Ñadestage que se seguía y

Árbol de Sabino, San Jerónimo Otla, Oaxaca, Méx.

por otro nombre Yucu tiyahua, era muy áspero, y que parte términos corriendo las tierras del pueblo de Texupan para la parte del poniente, las de Santa María de la Natividad para la del sur y las de San Jerónimo para la del norte y que da vuelta por la falda del monte lindando con tierras de dicho pueblo de Santa María hasta un portezuelo, que por su aspereza no se pasó a ellas y quedó amparado en dichas tierras el dicho alcalde de San Jerónimo a lo cual comento dicho cacique don Joseph de Vera y Zúñiga [de Nativitas] que sin embargo de tenerlas sembradas dichos naturales de San Jerónimo haría contradicción a dicha posesión por pertenecer dichas tierras a su cacicazgo."

En cuanto al Nudo Mixteco este documento clarifica: "se prosiguió subiendo al monte grande hasta llegar a un mogotillo que dijeron nombrarse en lengua mixteca Yucuqui duchi [Yuca Cuii Dzuchi] ser de la ejecutoria y dividir a las tierras de Tonaltepeque para el sur y las de San Jerónimo para el norte... y se prosiguió a la cima del monte grande, que se nombra yucuqui canu [Yucu Cuii Cahnu] y divide las tierras de San Jerónimo por el norte de las de Tonaltepeque para el sur".

El texto concluye diciendo "consta que los naturales del pueblo de San Jerónimo Otla se hallan en quieta y pacífica posesión de inmemorial tiempo a esta parte de las tierras que se comprenden bajo de los linderos expresos en la memoria que se ha leído, los que demostrará cada que se le mande y que dichas tierras son montuosas y pedregosas y que tan solo algunos pedacillos son de sembradura, las que tienen de oriente a poniente una legua y de sur a norte cerca de una legua y que siempre se han contenido dichos naturales en los términos de dichos linderos sin haber tenido exceso alguno que esto es público y verdad...".

a

b

c

d

a) Yucucuy, Nutall 49; b) Yucucuy, Lienzo de Coixtlahuaca: c) Yucucuy, Lienzo de Nativitas; d) Yucucuy, Lienzo de Otla

El Lienzo de Otla parece decir algo muy similar. El conjunto mesoamericano de las cinco casas, así como los asentamientos coloniales, se ubican dentro del círculo de las mojoneras, en el paisaje natural e impresionante dominado por el Cerro Verde, las barrancas y algunos arroyos.

El mensaje viene construido en varias capas que se deben separar para poder seguir el argumento. La primera capa es la de la conquista del valle por los guerreros que llegaron desde el rumbo de Jiquila (que los de Otla dicen venir de San Juan Viejo), en la época del Señor 4 Jaguar y establecieron una nueva estructura política. El lienzo atribuye a ese mismo tiempo el trazo del lindero, dándole bastante antigüedad y enfatizando que data de la misma época que toda la estructura socio-política tradicional del área. Los asentamientos coloniales por una parte constituyeron una ruptura con el orden mesoamericanos - se erigió una iglesia y se ubicó el asentamiento central en otra parte, sin una continuidad clara de las dinastías - pero por otra parte se volvió a señalar el valor simbólico del área: un Chicomoztoc en una paisaje sagrado, al pie de una gran montaña primordial y divina. Todo esto sirve para reafirmar la unidad de la comunidad y para reclamar su posesión inmemorial de las tierras de cultivo.

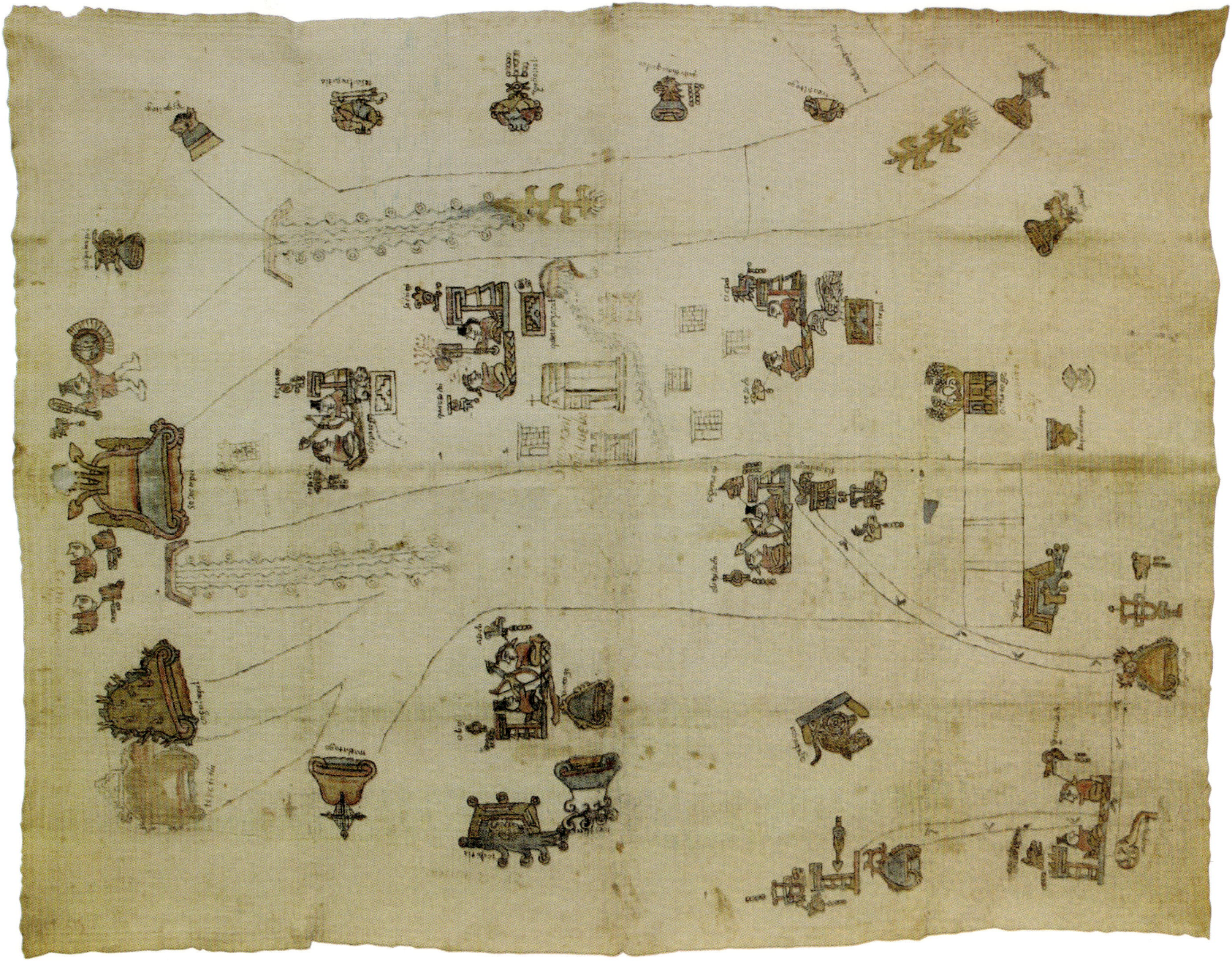

CONCLUSIONES

El Lienzo de Otla es tanto un legado histórico del mundo mesoaméricano como testimonio de su encuentro con el europeo. Los elementos pictográficos, jeroglíficos y toponímicos, representados con expresiones y técnicas mesoaméricanas y europeas, nos hablan de hechos históricos registrados en la forma convencional que incluye indicaciones toponímicas y dinásticas precisas.

Así también las construcciones y los personajes se encuentran rodeados por los linderos, marcados por medio de hileras de topónimos asociados a los caminos trazados por dos líneas paralelas con afluentes y nacimientos de agua así como terrenos de sembradío. Todo esto nos habla de un asentamiento propio, que también participó en la esfera política de un importante centro urbano, económico y estratégico (Coixtlahuaca, en la época posclásica) clave dentro del sistema mesoamericano de rutas de comercio desde el centro de México hacia Oaxaca y de allí a las costas tropicales. A la vez la disposición de este paisaje en el lienzo nos muestra la interacción (y tensión) entre la cosmovisión (filosofía) mesoamericana con su simbolismo y sentimiento religioso y la imposición colonial de una nueva religión y una congregación de habitantes en un centro urbano europeo. La ubicación de los espacios naturales y culturales sigue modelos organizativos mesoamericanos que se impusieron a la estructura colonial y continuan hasta el día de hoy.

Andando por estas montañas y valles nos damos cuenta de que el lienzo es la llave para entrar en un antiguo paisaje sagrado, que sigue vivo.

De esta manera el manuscrito píctorico registra y produce importantes elementos de la civilización mesoamericana así como de su literatura, particularmente de la región Ngigua-Mixteca.

Hay varios problemas específicos que todavía no se han resuleto y necesitan ser discutidos y aclarados en estudio futuros. Por otra parte los trazos que comunica este lienzo son claros; como parte de la literatura mesoamericana este documento esta íntimamente relacionado con otros textos pictóricos similares.

Ya vimos el nexo explícito con otros lienzos del valle de Coixtlahuaca con la persona del Señor 4 Jaguar y su esposa, la Señora 7 Viento. Esta pareja forma parte de la dinastía del Cerro de la Puntas (en el lienzo de Tlapiltepec), y por su posición, más o menos a la mitad de esta larga secuencia genealógica podemos fechar su vida y acción el siglo XIII. Por eso podemos distiguirlo de aquel otro Señor 4 Jaguar en el lienzo de Tlapiltecpec quien llegó de fuera e inició el reino de Coixtlahuaca con la entronización del Señor 7 Agua (Atonal I). Este último Señor 4 Jaguar a su vez conecta estos lienzos con los códices mixtecos (en particular con el famoso Rey 8 Venado), y las crónicas del Centro de México sobre el imperio Tolteca y su legendario rey Quetzalcoatl. Tales conecciones nos hacen concientes de que hubo varios y grandes temas que se entrelazan y forman una sola historiografía mesoamericana.

Referimos aqui al cortometraje *"La Epopeya de la Princesa 6 Mono y del Gran Guerrero 8 Venado"*, que incluimos en esta publicación como un contexto obligatorio y emocionante, ya que sintetiza y recrea un tema central de la historia antigua de México en esta región, que a la vez fué una gran literatura de dimensión religiosa, épica y dramática. Es notable como el estilo y la estética de las imágenes de los códices se presten para ser animádas con técnicas modernas y siguen teniendo vida y poder para impactarnos con sus mensajes.

A la vez incluimos otro cortometraje *"Cantero"*, que nos ilustra el trauma de la invasión española, el aspecto opresivo y cruel de la colonización así como la fuerza mental de los mesoamericanos para generar una nueva sociedad y un nuevo arte. En ese proceso doloroso, destructivo y a la vez creativo, nacerion los grandes templos católicos de la ruta que siguieron los dominicos, así como los fascinantes lienzo mesoamericanos del valle de Coixtlahuaca que nos expresan la historia y la filosofía del paisaje cultural de los pueblos Ngigua y Ñuu Dzaui.

¿Eres tú verdadero (tienes raíz)?
Sólo quien todas las cosas domina,
el Dador de la vida
¿Es esto verdad?
¿Acaso no lo es, como dicen?
¡Que nuestros corazones
no tengan tormento!
Todo lo que es verdadero
(lo que tiene raíz),
dicen que no es verdadero
(que no tiene raíz).
El Dador de la vida
sólo se muestra arbitrario.
¡Que nuestros corazones
no tengan tormento!
Porque él es el dador de la vida.

Nezahualcoyotl
1402-1472

REFERENCIAS

Acuña, René (ed.)
1984. Relaciones Geográficas del siglo XVI: Antequera (I, II). Universidad nacional Autónoma de México, México.
1989 Códice Baranda. Ediciones Toledo, México.

Alvarado, Fray Francisco de
1962. (1593) Vocabulario en Lengua Mixteca. INAH & INI, México.

Anales de Cuauhtitlan: "Códice Chimalpopoca", edición y traducción de Primo Feliciano Velázquez, UNAM, México, 1975. Véase también Lehmann, 1938.

Anders, Ferdinand & Maarten Jansen & G. Aurora Pérez Jiménez
1992a. Origen e Historia de los Reyes Mixtecos.
Libro explicativo del llamado Códice Vindobonensis. Fondo de Cultura Económica, Mexico.

1992b. Crónica Mixteca: El rey 8 Venado, Garra de Jaguar, y la dinastía de Teozacualco-Zaachila. Libro explicativo del llamado Códice Zouche-Nuttall. Fondo de Cultura Económica, Mexico.
Asselbergs, Florine G.L.

2004. Conquered conquistadors. The Lienzo de Quauhquechollan: a Nahua vision on the conquest of Guatemala. PhD dissertation, Leiden.

Boone, Elizabeth Hill
2000. Stories in Red and Black. Pictorial histories of the Aztecs and Mixtecs. University of Texas Press, Austin.

Burland, Cottie A. & Gerdt Kutscher
1955. The Selden Roll. Gebr. Mann, Berlin.

Caso, Alfonso
1954. Interpretación del Códice Gómez de Orozco. Talleres de Impresión de Estampillas y Valores, México.
1958. Comentario al Códice Baranda. En: Miscellanea Paul Rivet dicata I: 373-393. Universidad Nacional Autónoma de México, México.
1961. Los Lienzos Mixtecos de Ihuitlan y Antonio de León. En: Homenaje a Pablo Martínez del Río: 237-274. Mexico.
1969. El Tesoro de Monte Albán. Instituto Nacional de Antropología e Historia, México.
1977/79. Reyes y Reinos de la Mixteca (I, II). Fondo de Cultura Económica, México.

Castellanos, Abraham
1910. El Rey Iukano y los Hombres del Oriente. Leyenda indígena inspirada en los restos del "Códice Colombino". A. Carranza e Hijos, Mexico.
1912. La cronología indiana. Anales del Museo Nacional época 3, 3 (8): 453-484. México.

Clark, James Cooper
1938. Codex Mendoza (3 vols.). Waterlow & Sons, Oxford / London.

Cline, Howard (ed.)
1972/75. Guide to Ethnohistorical Sources I-IV (Handbook of Middle American Indians XII-XV). University of Texas Press, Austin.

Cordero Avendaño de Durand, Carmen
2004. Interpretación y Estudio del Lienzo de San Juan Chicomezúchitl. El Mapa o Pintura de los Cogues o Señores. Instituto Oaxaqueño de las Culturas & Gobierno del Estado, Oaxaca.

Corona Nuñez, José
1964-67. Antigüedades de México, basadas en la recopilación de Lord Kingsborough (I-IV). Secretaría de Hacienda y Crédito Público, Mexico.

Chance, John
2000. The Noble House in Colonial Puebla, Mexico: Descent, Inheritance, and the Nahua Tradition. American Anthropologist 102(3): 485-502.
2004. La casa noble mixteca: una hipótesis sobre el cacicazo prehispánico y colonial. En: Estructuras Políticas en el Oaxaca Antiguo (Nelly M. Robles García, ed.): 1-25. INAH, México.

Dalton Palomo, Margarita & Verónica Loera y Chávez
1997. Historia del Arte de Oaxaca (3 tomos). Gobierno del Estado de Oaxaca, Instituto Oaxaqueño de las Culturas, Oaxaca.

De la Cruz, Victor
2008. Mapas genealógicos del Istmo oaxaqueño. Colección Diálogos, Oaxaca.

De la Fuente, Beatriz & Bernd Fahmel Beyer
2005. La Pintura Mural prehispánica en México: Oaxaca. Universidad Nacional Autónoma de México, México.

Gaxiola, Margarita & Maarten Jansen (eds.)
1978 . Primera Mesa Redonda de Estudios Mixtecos. INAH, Oaxaca.

Glass, John B.
1964. Catálogo de la Colección de Códices. Museo Nacional de Antropología, México.

Hermann Lejarazu, Manuel A.
2006. Códice Nuttall. Lado 1: la vida de 8 venado. Arqueología Mexicana, edición especial 23, Mexico.
2008. Códice Nuttall Lado 2: La Historia de Tilantongo y Teozacualco. Arqueología Mexicana, edición especial 29, Mexico.

Hernández Sánchez, Gilda
2005. Vasijas para Ceremonia. Iconografía de la Cerámica Tipo Códice del Estilo Mixteca Puebla. CNWS Research School of Asian, African and Amerindian Studies, Leiden.

Jansen, Maarten
1982. Huisi Tacu, estudio interpretativo de un libro mixteco antiguo: Codex Vindobonensis Mexicanus I. CEDLA, Amsterdam.
1992. Mixtec Pictography: Conventions and Contents. In: Handbook of Middle American Indians, Supplement 5: Epigraphy (Victoria Reifler Bricker ed.): 20-33. University of Texas Press, Austin.
1996. Lord 8 Deer and Nacxitl Topiltzin. Mexicon XVIII (2): 25-29.
1998. La Fuerza de los Cuatro Vientos. Los manuscritos 20 y 21 del Fonds Mexicain. Journal de la Société des Américanistes 84 (2): 125-161. París.
2006. Los Señoríos de Ñuu Dzaui y la Expansión Tolteca. Revista Española de Antropología Americana 36(2): 175-208. Universidad Complutense, Madrid.

Jansen, Maarten & G. Aurora Pérez Jiménez
2005. Codex Bodley. A Painted Chronicle from the Mixtec Highlands, Mexico. Bodleian Library, Oxford
2007. Historia, literatura e ideología de Ñuu Dzaui. El Códice Añute y su contexto histórico-cultural. Instituto Estatal de Educación Pública, Oaxaca.

Jansen, Maarten E.R.G.N. & Laura N.K. van Broekhoven (eds.)
2008 Mixtec Writing and Society / Escritura de Ñuu Dzaui. KNAW Press, Amsterdam.

Jiménez Moreno, Wigberto & Salvador Mateos Higuera
1940. Códice de Yanhuitlan. México.

Johnson, Nicholas
1997. The Route from the Mixteca Alta into Southern Puebla on the Lienzo of Tlapiltepec. In: Códices y Documentos sobre México, Segundo Simposio (Salvador Rueda Smithers, Constanza Vega Sosa, Rodrigo Martínez Baracs, eds.) vol I: 233-268. Instituto Nacional de Antropología e Historia, Mexico.

Kirchhoff, Paul & Lina Odena Güemes & Luis Reyes García
1976. Historia Tolteca Chichimeca. CISINAH & INAH, Mexico.

König, Viola
1984. Der Lienzo Seler II und seine Stellung innerhalb der Coixtlahuaca Gruppe. Baessler Archiv N.F. 32 (2): 229-320.
1993. Die Schlacht bei Sieben Blume. Konquistadoren, Kaziken und Konflikte auf alten Landkarten der Indianer Südmexikos. Edition Temmen, Bremen.

Lehmann, Walter
1938. Die Geschichte der Königreiche von Colhuacan und

Mexico. W. Kohlhammer, Stuttgart 7 Berlín.

1966. Las cinco Mujeres del Oeste muertas en el parto y los cinco Dioses del Sur en la Mitología Mexicana. En: Traducciones Mesoamericanistas tomo I: 147-175. Sociedad Mexicana de Antropología, México.

León-Portilla, Miguel
1992. Literaturas Indígenas de México. Editorial MAPFRE / Fondo de Cultura Económica, México (segunda reimpresión: 1996).
1996. Códice Alfonso Caso. La vida de 8-Venado, Gara de Tigre (Colombino-Becker I). Patronato Indígena, Mexico.
2003. Códices. Los antiguos libros del nuevo mundo. Aguilar, Mexico.

López García, Ubaldo
2007. Sa'vi. Discursos ceremoniales de Yutsa To'on (Apoala). Tesis de doctorado, Universidad de Leiden.

Maldonado Alvarado, Mauricio & Benjamín Maldonado Alvarado
2004. La Sabiduría de las Pieles. De las técnicas de curtición de los códices a la curtiduría tradicional actual en Oaxaca. Instituto de Investigaciones en Humanidades de la Universidad Autónoma Benito Juárez de Oaxaca / Secretaría de Asuntos Indígenas del Gobierno del Estado / Centro INAH, Oaxaca.

Martínez Gracida, Manuel
1883. Colección de Cuadros sinópticos de los pueblos, haciendas y ranchos del Estado libre y soberano de Oaxaca. Oaxaca.
1986. Los Indios Oaxaqueños y sus monumentos arqueológicos. Gobierno del Estado de Oaxaca.

Molina, Fray Alonso de
1970. Vocabulario en Lengua Castellana y Mexicana. Editorial Porrúa, México.

Nowotny, Karl Anton
1959a. Die Hieroglyphen des Codex Mendoza: der Bau einer mittelamerikanischen Wortschrift. Mitteilungen Museum für Völkerkunde und Vorgeschichte Hamburg, XXV: 97-113.
1959b. Die Bilderfolge der Codex Vindobonensis und verwandter Handschriften. Archiv für Völkerkunde XIII: 210-221.

Oudijk, Michel R.
2000. Historiography of the Bènizàa. The Postclassic and Early Colonial Periods (1000-1600 A.D.). CNWS, Leiden.

Parmenter, Ross
1961. 20th century adventures of a 16th century sheet: the literature of the Mixtec lienzo in the Royal Ontario Museum. Boletín de Estudios Oaxaqueños 20. Oaxaca.
1970. The Identification of Lienzo A: a tracing in the Latin

American Library of Tulane University. Philological and Documentary Studies, Middle American Research Institute, vol. II, part 5. Tulane University, Nueva Orleans.
1982 Four Lienzos of the Coixtlahuaca Valley. Dumbarton Oaks, Washington.
1993. The Lienzo of Tulancingo, Oaxaca: an introductory study of a ninth painted sheet from the Coixtlahuaca Valley. Transactions of the American Philosophical Society 83, part 7.
1997. A Nativitas Ruler List on Lienzo A. En: Códices y Documentos sobre México, Segundo Simposio (Salvador Rueda Smithers, Constanza Vega Sosa, Rodrigo Martínez Baracs, eds.) vol I: 269-303. Instituto Nacional de Antropología e Historia, México.

Rabin, Emily
2004. Toward a Unified Chronology of the Historical Codices and Pictorial Manuscripts of the Mixteca Alta, Costa and Baja: an Overview. In: Homenaje a John Paddock (Patricia Plunket, ed.): 101-136. UDLA, Puebla.

Reyes García, Luis
1977. Cuauhtinchan del siglo XII al XVI: formación y desarrollo histórico de un señorío prehispánico. Franz Steiner Verlag Wiesbaden.

Rincón Mautner, Carlos
1994. A Reconstruction of the History of San Miguel Tulancingo, Coixtlahuaca, Mexico, from Indigenous Painted Sources. Texas Notes on Precolumbian Art, Writing, and Culture 64.
1996a. The 1580 Plan Topographique de Santa María Ixcatlan: description and commentary. Latin American Literatures Journal 12 (1): 43-66.
1996b. The Notes and Sketch of Lienzo Seler I or Mapa de Santa María Ixcatlan: description and commentary. Latin American Literatures Journal 12 (2): 146-177.
1999. Man and the Environment in the Coixtlahuaca Basin of Northwestern Oaxaca. Two Thousand Years of Historical Ecology. Tesis de Doctorado, Universidad de Texas, Austin.
2007. A Study of the Lienzo de San Jeronimo Otla from the Coixtlahuaca Basin of Oaxaca, Mexico. Latin American Indian Literatures Journal 23 (1): 74-95.

Sahagún, Fray Bernardino de
1975. Historia General de las cosas de Nueva España (edited by Angel María Garibay). Editorial Porrúa, Mexico.
1950/78. Florentine Codex, General History of the Things of New Spain (edited and translated by Arthur J.O. Anderson and Charles E. Dibble). The School of American Research / University of Utah, Santa Fe.

Smith, Mary Elizabeth
1973. Picture Writing from Ancient Southern Mexico, Mixtec Place Signs and Maps. University of Oklahoma Press, Norman.

Swanton, Michael & Bas van Doesburg
1996. Some observations on the lost lienzo de Santa Maria Ixcatlan (Lienzo Seler I). Baessler-Archiv 44 (2): 359-377.

Taylor, William B.
1999. Pensar en imágenes. Letras Libres 1 (6): 24-29.

Troike, Nancy
1982. The interpretation of Postures and gestures in the Mixtec Codices. En: The Art and Iconography of Late Post-Classic Central Mexico (Elizabeth H. Boone ed.): 175-206. Dumbarton Oaks, Washington.

Van Doesburg, Sebastián
2000. Origin of the Lienzo de Tulancingo. Ancient Mesoamerica 11 (1): 169-183.
2001a. Códices Cuicatecos Porfirio Díaz y Fernández Leal, Grupo Editorial Miguel Angel Porrúa, México.
2001b. De Linderos y Lugares: territorio y asentamiento en el Lienzo de Santa María Nativitas. Relaciones vol. 22, número 86: 15-82.
2002. Documentos antiguos de San Miguel Tequixtepec, Oaxaca. Los primeros cien años de la Colonia (1533-1617), Research School of Asian, African and Amerindian Studies (CNWS), Leiden University, Leiden.
2003. El Siglo XVI en los lienzo de Coixtlahuaca. Journal de la Société des Américanistes 89 (2): 67-95.

Van Doesburg, Sebastián (ed.)
2008. Pictografía y escritura alfabética en Oaxaca. Fondo Editorial del Instituto Estatal de Educación Pública de Oaxaca, Oaxaca,

Van Doesburg, Sebastián & Olivier Van Buren
1997. The prehispanic history of the Valley of Coixtlahuaca, Oaxaca. Códices, Caciques y Comunidades. (Maarten Jansen & Luis Reyes García eds.): 103-160. Cuadernos de Historia Latinoamericana 5, AHILA (Asociación de Historiadores Latinoamericanistas Europeos).

Weitlaner Johnson, Irmgard
1966. Análisis Textil del Lienzo de Ocotepec. En: Summa Anthropologica en homenaje a Roberto J. Weitlaner: 139-144. Instituto Nacional de Antropología e Historia, México.